Enseñanza de 7 conceptos cruciales del psicoanálisis

Juan David Nasio

Enseñanza de 7 conceptos cruciales del psicoanálisis

Traducción de
Graciela Klein

Herder

Título original: Enseignement de 7 concepts cruciaux de la psychanalyse
Traducción: Graciela Klein
Diseño de cubierta: Melina Belén Agostini

ISBN: 978-84-254-5471-4

Imprenta: Ulzama digital
Depósito legal: B-4808-2026

Impreso en España - Printed in Spain

Herder
www.herdereditorial.com

A LA MEMORIA DE
FRANÇOISE DOLTO

Los fundamentos del psicoanálisis
que nos transmitieron nuestros maestros
sólo serán nuestros fundamentos a condición de
conquistarlos y de hacerlos nuestros.
Tal vez entonces tengamos, a nuestro turno,
la oportunidad de transmitirlos a los
psicoanalistas de las
generaciones por venir.

A. Franzini, M. Gaugain, S. Le Poulichet,
Ch. Oddoux, Ch. Sarfati, L. Zolty están estrechamente
asociados conmigo en la existencia de esta obra.

Indice

Presentación

Cómo definir un concepto psicoanalítico

Es sabido cuánto resistieron los conceptos psicoanalíticos las definiciones demasiado estrictas y cómo fueron cargados con significaciones múltiples, e incluso contradictorias, desde que Freud escribió su obra. ¿Cómo hallar entonces, para cada uno de estos conceptos, la significación más precisa? El desarrollo del psicoanálisis, la diversidad de las corrientes teóricas y la vulgarización del vocabulario psicoanalítico hicieron imposible la determinación de un sentido unívoco para cada concepto. El concepto cambia y se diversifica según las palabras que lo expresan, la perspectiva que lo sitúa y el artificio de su exposición. El sentido conceptual está siempre determinado por la articulación del concepto con el conjunto de la red teórica, la prueba de la práctica, las palabras que lo enuncian e incluso por el lugar que dicho concepto ocupa en el lenguaje de la comunidad psicoanalítica en una época dada. Así, un concepto psicoanalítico recibirá tantos sentidos como pertenencias a distintos contextos tenga; por eso podemos afirmar que, en psicoanálisis, toda significación conceptual es, en definitiva, una significación contextual.

No obstante, esta ausencia de una significación unívoca atribuida a una noción, no atenta —como se podría creer— contra la coherencia de nuestra teoría. Lo que nos exige el rigor no es que suprimamos todo concepto ambiguo sino que encontremos la significación principal entre las diversas significaciones contextuales. Entonces, ¿cómo evaluar y elegir el sentido conceptual más preciso? Algunos autores elegirán el sentido histórico, reconstruido siguiendo las grandes etapas de evolución de una noción. En cambio J. D. Nasio, sin descartar la pertinencia de esta elección cronológica, se preocupó en este libro por otra cuestión. A fin de circunscribir la significación principal, se preguntó ante y sobre todo si la existencia de un concepto era o no necesaria. En efecto, un verdadero concepto siempre surge en virtud de una necesidad propia a la trama conceptual de la cual forma parte y, en consecuencia, si se quiere conocer su significación principal, se ha de investigar su *significación umbilical.* A fin de encontrar el sentido más apropiado para un concepto se intentará responder a la pregunta de la necesidad de su nacimiento, de su razón de ser, y se investigará por qué y cómo está anclado al suelo de la teoría. Así, la articulación fundamental de cada uno de los conceptos estudiados en este libro surgió de la respuesta a esta interrogación constante de J. D. Nasio: ¿cuál es la razón de existir de cada concepto psicoanalítico? ¿Cuál la encrucijada teórica que hace necesaria su existencia? ¿Cuál el problema que viene a solucionar?

El lector atento descubrirá, a lo largo de su lectura, las múltiples ramificaciones de un concepto, ya que cada uno de los siete conceptos va siendo esclarecido por otro. Participará de la edificación metodológica básica del psicoanálisis y —mérito importante de este libro— podrá percibir el alcance clínico de los textos aquí expuestos.

Liliane Zolty

1

El concepto de CASTRACION

El concepto de castración

En psicoanálisis, el concepto de "castración" no responde a la acepción corriente de mutilación de los órganos sexuales masculinos, sino que designa una experiencia psíquica compleja, vivida *inconscientemente* por el niño a los cinco años aproximadamente, y que es decisiva para la asunción de su futura identidad sexual. Lo esencial de esta experiencia radica en el hecho de que el niño reconoce por primera vez —al precio de la angustia— la diferencia anatómica de los sexos. Hasta ese momento vivía en la ilusión de la omnipotencia; de ahí en más, con la experiencia de la castración, podrá aceptar que el universo está compuesto por hombres y mujeres, y que el cuerpo tiene límites; es decir, aceptar que su pene de niño jamás le permitirá concretar sus intensos deseos sexuales dirigidos a la madre.

Sin embargo, el complejo de castración que vamos a presentar como una etapa en la evolución de la sexualidad infantil, no se reduce a un simple momento cronológico. Por el contrario, la experiencia inconsciente de la castración se ve renovada sin cesar a lo largo de la existencia y puesta en juego nuevamente de modo peculiar en la cura analítica del paciente adulto. En efecto, uno de los fines de la experiencia analítica es posibilitar y reactivar en la vida adulta la experiencia por la que atravesamos en la infancia: admitir con dolor que los límites del cuerpo son más estrechos que los límites del deseo.

*

* *

El complejo de castración en el niño

Entre el amor narcisista por su pene
y el amor incestuoso por su madre,
el niño elige su pene.

Con ocasión del trabajo con un niño de cinco años, "Juanito",[1] Freud descubre lo que denominará el *complejo de castración.* A través del análisis de este niñito, pero también apoyándose en los recuerdos infantiles de sus pacientes adultos, Freud aísla este complejo, descrito por primera vez en 1908.[2] Podemos esquematizar la constitución del complejo de castración masculino en cuatro tiempos.

Primer tiempo: todo el mundo tiene un pene*

Sólo a partir de esta ficción del niño, según la cual todo el mundo poseería un pene semejante al suyo, se puede comprender qué es lo que está realmente en juego en la castración. Se trata del tiempo preliminar de las creencias infantiles, según las cuales no habría diferencia anatómica entre los órganos sexuales masculinos y femeninos. Esta creencia, reconocida por Freud en todos los niños —varones y mujeres—, constituye la premisa necesaria del proceso de castración. El descubrimiento de la realidad de un ser cercano que no posee este atributo que se supone universal —madre, hermanita, etcétera— pondrá

1 S. Freud: *Análisis de la fobia de un niño de cinco años (caso Juanito),* Madrid, Biblioteca Nueva, 1973, *Obras completas,* t. II.

2 S. Freud: *Teorías sexuales infantiles,* Madrid, Biblioteca Nueva, 1973, *Obras completas,* t. II.

* A lo largo de este texto utilizaremos el término pene sin preocuparnos por distinguirlo del término falo. De esta distinción nos ocuparemos en el artículo siguiente dedicado al "falo".

en jaque la creencia del niño y abrirá la vía a la angustia de ser un día también él privado de igual manera. Puesto que al menos un ser ha mostrado estar desprovisto del pene —piensa el niñito—, de ahora en más la posesión de mi propio pene deja de estar asegurada. Repitámoslo, la condición previa para la experiencia psíquica de la castración es, entonces, esta ficción de la posesión universal del pene.

Segundo tiempo: el pene está amenazado

Es el tiempo de las amenazas verbales que apuntan a prohibir al niño sus prácticas autoeróticas y a obligarlo a renunciar a sus fantasmas incestuosos. Explícitamente, estas amenazas alertan al niño contra la pérdida de su miembro si persiste en sus tocamientos, pero lo implícito en juego en las advertencias parentales estriba en hacer abandonar al niño toda esperanza de ocupar un día el lugar del padre en el comercio con la madre. La amenaza de castración apunta al pene, pero sus efectos recaen sobre el *fantasma* del niño de poseer un día su objeto amado: la madre. Por lo tanto, a eso deberá renunciar. Las advertencias verbales, en especial aquellas proferidas por el padre, que poco a poco van siendo internalizadas por el niño, darán origen al superyó. Es preciso aclarar que las advertencias parentales sólo tendrán influencia sobre el niño una vez que atraviese la siguiente etapa, la del tercer tiempo.

Tercer tiempo: hay seres sin pene, la amenaza, entonces, es real

Es el tiempo del descubrimiento *visual* de la zona genital femenina. En este estadio, la zona genital femenina que se ofrece a los ojos del niño no es el órgano sexual femenino sino más bien la zona pubiana del cuerpo de la mujer. Lo que el niño descubre visualmente no es la vagina sino la falta de pene. En un primer momento el niño parece no prestar interés alguno a esta falta, pero el recuerdo de las amenazas verbales oídas durante el segundo tiempo conferirá ahora su plena significación a la percepción visual de un peligro hasta entonces desestimado. "Siempre se le presenta alguna ocasión de contemplar la región genital de una niña y convencerse de la falta de aquel órgano de que tan orgulloso está, en un ser tan semejante a él. De este modo se hace ya posible representarse la pérdida de su propio pene, y la amenaza de la castración comienza entonces [*a posteriori*] a surtir sus efectos."[3] El niño, dada la adhesión afectiva narcisista con que carga a su pene, no puede admitir que existen seres semejantes a él que están desprovistos de ese miembro. Este es el motivo por el cual, ante la primera percepción visual de la zona genital de la niña, su tenaz prejuicio —es decir, su creencia según la cual es imposible que existan seres humanos sin pene— resiste con fuerza a la evidencia. El valor afectivo que acuerda a su cuerpo es tan intenso que no puede concebir un ser semejante a él sin este elemento primordial; prefiere defender la ficción que se forjó en detrimento de la realidad percibida de la falta. En lugar de reconocer la ausencia radical de pene en la mujer, el niño se obstinará en atribuirle un órgano peniano al que asocia un comentario: "La niña tiene un pene todavía chiquito, pero que va a crecer."

Cuarto tiempo: la madre también está castrada; emergencia de la angustia

A pesar de la percepción visual del cuerpo de la niña, el niño seguirá manteniendo su creencia según la cual las mujeres mayores y respetables como su madre están dotadas de un pene. Más adelante, cuando el niño descubra que las mujeres pueden parir, llegará a la idea de que también su madre está desprovista del pene. Ese es el

.[3] S. Freud: *La disolución del complejo de Edipo,* Madrid, Biblioteca Nueva, 1973, *Obras completas,* t. III, pág. 2749.

momento en el cual surgirá realmente la angustia de castración. Ver un cuerpo femenino abre la vía a la angustia de perder el órgano peniano, pero todavía no se trata, hablando con propiedad, de la angustia de castración. Para que el complejo de castración se organice efectivamente, es decir, para que la amenaza que significa la visión de las partes genitales femeninas se convierta en el signo de un peligro, vimos que era necesaria la intervención de otro factor. La percepción del cuerpo de la mujer viene a despertar en el niño el recuerdo de amenazas verbales —reales o imaginarias— proferidas con anterioridad por sus padres y que estaban orientadas a prohibir el placer que obtenía de la excitabilidad de su pene. La visión de la ausencia de pene en la mujer por una parte, y la evocación *auditiva* de las amenazas verbales parentales por otra, definen las dos condiciones principales del complejo de castración.

Es preciso dejar en claro que la *angustia de castración* no es sentida efectivamente por el niño, *es inconsciente*. No se debe confundir esta angustia con la angustia que observamos en los niños bajo la forma de miedos, pesadillas, etcétera. Estos trastornos son sólo las manifestaciones de defensas contra el carácter intolerable de la angustia inconsciente. Una angustia vivida puede ser, por ejemplo, una defensa contra esta otra angustia no vivida e inconsciente que denominamos angustia de castración.

Tiempo final: fin del complejo de castración y fin del complejo de Edipo

Bajo el efecto de la irrupción de la angustia de castración, el niño acepta la ley de la interdicción y elige salvar su pene a costa de renunciar a la madre como *partenaire* sexual. Con la renuncia a la madre y el reconocimiento de la ley paterna finaliza la fase del amor edípico y se hace posible la afirmación de la identidad masculina. Esta crisis que el niño tuvo que atravesar fue fecunda y estructurante ya que lo capacitó para asumir su falta y producir su propio límite. Dicho de otra manera, el final del complejo de castración es, para el niño, también el final del complejo de Edipo. Cabe observar que la desaparición del complejo de castración es especialmente violenta y definitva. Estas son las palabras de Freud: "... el complejo [de Edipo] no es simplemente reprimido en el varón, sino que se desintegra literalmente bajo el impacto de la amenaza de castración (...) en el caso ideal ya no subsiste entonces complejo de Edipo alguno, ni aun en el inconsciente".[4]

*

* *

El complejo de castración en la niña

A pesar de tener dos rasgos en común con el complejo de castración masculino, el complejo de castración femenino se organiza de modo muy distinto. Su punto de partida es en un comienzo similar; en un primer tiempo que situamos como previo al complejo de castración, tanto los niños como las niñas sostienen sin distinción la ficción que atribuye un pene á todos los seres humanos. Es decir que la creencia en la universalidad del pene es la premisa necesaria para la constitución del complejo de Edipo para ambos sexos.

El segundo rasgo en común se refiere a la importancia del rol de la madre. Más allá de todas las variaciones de la experiencia de la castración masculina y femenina, la madre es siempre el personaje principal hasta el momento en que el niño se separa de ella con angustia y la niña con odio. Ya sea que esté marcado por la angustia o por el odio, el acontecimiento más importante del complejo de castración es, sin lugar a dudas, la separación del niño

[4] S. Freud: *Algunas consecuencias psíquicas de la diferencia sexual anatómica*, Madrid, Biblioteca Nueva, 1973, *Obras completas*, t. III, pág. 2902.

de su madre en el momento preciso en que la descubre castrada.

Exceptuados estos dos rasgos en común —universalidad del pene y separación de la madre castrada—, la castración femenina, que estructuramos en cuatro tiempos, sigue un movimiento totalmente diferente a la masculina.

Anticipemos desde ahora dos diferencias importantes entre la castración masculina y la femenina:

- El complejo de castración en el varón termina con una renuncia al amor a la madre, mientras que en la mujer este complejo abre la vía al amor al padre. "Mientras el complejo de Edipo del varón se aniquila en el complejo de castración, el de la niña es posibilitado e iniciado por el complejo de castración."[5] El Edipo en el varón se inicia y se termina con la castración. El Edipo en la mujer se inicia con la castración pero no se termina con ésta.
- El acontecimiento más importante del complejo de castración femenino es —tal como lo hemos señalado— la separación de la madre, pero con la particularidad de que es la repetición de otra separación anterior. El primer sentimiento amoroso de la niña por su madre —desde el comienzo de la vida— será interrumpido con la pérdida del seno materno. Según Freud la mujer no se consuela jamás de semejante separación y por consiguiente llevará en sí la huella del resentimiento por haber sido dejada en la insatisfacción. Este resentimiento primitivo, este odio antiguo, desaparecerá bajo los efectos de una represión inexorable para reaparecer más tarde, durante el complejo de castración, en el momento de este acontecimiento mayor constituido por la separación de la niña de su madre. Entonces, resurge en la niña el odio de antaño, esta vez bajo la forma de la hostilidad y el rencor hacia una madre a la que se responsabilizará por haberla hecho mujer. La actualización de los antiguos sentimientos negativos respecto de la madre marcará el fin del complejo de castración. Es importante hacer hincapié en el hecho de que,

5 *Ibíd.*, pág. 2901.

contrariamente a lo que vulgarmente se cree, el rol de la madre es mucho más importante en la vida sexual de la niña que el del padre; la madre está en el inicio y en el fin del complejo de castración femenino.

Primer tiempo: todo el mundo tiene un pene (el clítoris es un pene)

En este primer tiempo, la niña ignora la diferencia entre los sexos y la existencia de su propio órgano sexual, es decir, la vagina. Está absolutamente feliz de poseer como todo el mundo un atributo clitoriano similar al pene y al cual otorga igual valor que el que el niño atribuye a su órgano. Por lo tanto, ya sea que se presente bajo la forma del órgano peniano en el varón o del órgano clitoriano en la niña, el pene es un atributo universal para ambos sexos.

Segundo tiempo: el clítoris es demasiado pequeño para ser un pene: "Yo fui castrada"

Es el momento en que la niña descubre visualmente la región genital masculina. La *visión* del pene la obliga a admitir, de modo definitivo, que ella no posee el verdadero órgano peniano. "[La niña] advierte el *pene* de un hermano o de un compañero de juegos, llamativamente visible y *de grandes proporciones*; lo reconoce al punto como símil superior de su propio *órgano pequeño* e inconspicuo [clítoris] y desde ese momento cae víctima de la envidia fálica."[6]

A diferencia del varón, para quien los efectos de la experiencia visual son progresivos, para la niña los efectos de la visión del sexo masculino son *inmediatos.* "Al instante adopta su juicio y hace su decisión. Lo ha visto, sabe que no lo tiene y quiere tenerlo."[7] La experiencia del niño es muy diferente a la experiencia de la niña: ante la visión del pene, la niña reconoce al instante que ella fue castrada —la castración *ya fue* realizada: "Yo fui castrada"—.

6 *Ibíd.*, págs. 2898-2899. El subrayado es nuestro.
7 *Ibíd.*, pág. 2899.

Ante la visión del pubis femenino, el niño teme ser castrado —la castración *podría* realizarse: "Yo podría ser castrado"—. Para distinguir mejor la castración femenina de la castración masculina debemos tener presente que el varón vive la *angustia* de la amenaza, mientras que la niña experimenta el *deseo de poseer* lo que vio y de lo cual ella fue castrada.[8]

Tercer tiempo: la madre también está castrada; resurgimiento del odio hacia la madre

En el momento en que la niña reconoce su castración en el sentido de que su clítoris es más pequeño que el pene, sólo se trata, todavía, de un "infortunio individual", pero poco a poco toma conciencia de que las otras mujeres —y entre ellas su propia madre— padecen igual desventaja. Entonces, la madre es despreciada por la niña por no haber podido transmitirle los atributos fálicos y, más adelante, por no haber podido enseñarle a valorar su verdadero cuerpo de mujer.[9] El odio primordial de la primera separación de la madre, hasta este momento sepultado, ahora resurge en la niña bajo la forma de reproches constantes. Por lo tanto, el descubrimiento de la castración de la madre conduce a la niña a separarse de ésta una segunda vez y a elegir de allí en más al padre como objeto de amor.

[8] Queremos hacer notar otro rasgo particular de la castración femenina: la niña percibe visualmente el pene de un niño de su entorno pero no se arriesga a la confrontación visual con el cuerpo del padre. Después de la experiencia visual, la niña se ve forzada a admitir que está castrada de una cosa de la cual sabía inconscientemente y desde siempre que estaba *privada*. Por lo tanto, está castrada de un pene universal simbólico, que nunca creyó verdaderamente poseer. Su cuerpo de mujer sabía desde siempre que estaba realmente privada del mismo. Según Lacan, la privación se define como la falta real de un objeto simbólico (pene universal).

[9] J. D. Nasio: "Le concept d'hystérie", en *Enseignement de 7 concepts cruciaux de la clinique psychanalytique,* de próxima aparición en Ed. Rivages/Psychanalyse.

Tiempo final: las tres salidas del complejo de castración; nacimiento del complejo de Edipo

Ante la evidencia de su falta de pene, la niña puede adoptar tres actitudes diferentes, decisivas para el destino de su femineidad. Por cierto, estas tres salidas no siempre están claramente distinguidas en la realidad.

1. No hay envidia del pene

La primera reacción de la niña ante la falta es alarmarse tanto por su desventaja anatómica que se aleja de toda sexualidad en general. Se niega a entrar en la rivalidad con el varón y en consecuencia no anida en ella la envidia del pene.

2. Deseo de estar dotada del pene del hombre

La segunda reacción de la niña, siempre ante esta falta, es obstinarse en creer que un día ella podría poseer un pene tan grande como el que vio en el varón, y así llegar a ser semejante a los hombres. En este caso, *deniega* del hecho de su castración y mantiene la esperanza de ser un día detentora de un pene. Esta segunda salida la conduce a "... aferrarse en tenaz autoafirmación a la masculinidad amenazada".[10] El fantasma de ser un hombre a pesar de todo constituye el objetivo de su vida. "También este complejo de masculinidad de la mujer puede desembocar en una elección de objeto manifiestamente homosexual."[11] Aquí, el deseo del pene es el deseo de estar dotada

[10] S. Freud: *Sobre la sexualidad femenina*, Madrid, Biblioteca Nueva, 1973, *Obras completas*, t. III, pág. 3080.
[11] S. Freud: *Ibíd.*, pág. 3080. (El original remite a *Algunas consecuencias psíquicas de la diferencia sexual anatómica*, pág. 130 de la edición francesa. No encontré la cita en ese artículo, pero sí textualmente, en el artículo que cito [T.])

del pene del hombre. El clítoris, en tanto "pequeño pene", sigue siendo la zona erógena dominante.

3. Deseo de tener sustitutos del pene

La tercera reacción de la niña es la del reconocimiento inmediato y definitivo de la castración. Esta última actitud femenina, que Freud califica como "normal", se caracteriza por tres cambios importantes.

a. *Cambio del* partenaire *amado: la madre cede el lugar al padre.* ❑ A lo largo de los distintos tiempos que hemos desarrollado, el *partenaire* amado por la niña es principalmente la madre. Este vínculo privilegiado con la madre persiste hasta el momento en que la niña constata que también su madre fue desde siempre castrada. Entonces se aleja de ella con desprecio y se vuelve hacia el padre, susceptible de responder positivamente a su deseo de tener un pene. Hay, por lo tanto, un cambio de objeto de amor. Es al padre a quien se dirigen ahora los sentimientos tiernos de la niña. Así se inicia el complejo de Edipo femenino que persistirá a lo largo de toda la vida de la mujer.

b. *Cambio de la zona erógena: el clítoris cede el lugar a la vagina.* ❑ Hasta el descubrimiento de la castración de la madre el clítoris-pene mantiene su supremacía erógena. El reconocimiento de la propia castración y de la castración materna, así como la orientación de su amor hacia el padre, implica un desplazamiento de la libido en el cuerpo de la niña. En el curso de los años que van de la infancia a la adolescencia, el investimiento del clítoris se irá transmutando a la vagina. Entonces, el deseo del pene significa deseo de *gozar de un pene* en el coito, y la "vagina es reconocida ya entonces como albergue del pene y viene a heredar al seno materno".[12]

[12] S. Freud: *La organización genital infantil,* Madrid, Biblioteca Nueva, 1973, *Obras completas,* t. III, pág. 2700.

c. *Cambio del objeto deseado: el pene cede el lugar a un hijo.* ❑ El deseo de gozar de un pene en el coito se metaboliza, en esta tercera salida, en el deseo de procrear un hijo. El desplazamiento de los investimientos erógenos del clítoris a la vagina se traducirá por el pasaje, del deseo de acoger en su cuerpo el órgano peniano, al deseo de ser madre.

*
*   *

Resumamos en pocas líneas el recorrido que conduce a una niña a ser mujer. En un comienzo la bebita desea a su madre, se separa de ella por primera vez en el momento del destete y por segunda vez en el momento del descubrimiento de la castración materna. Su deseo de un pene se dirige entonces al padre bajo la forma de deseo de un hijo. Se puede comprobar que el complejo de Edipo femenino es una formación secundaria, mientras que el masculino es una formación primaria. En definitiva, la femineidad es un constante devenir entramado por una multiplicidad de intercambios, todos ellos destinados a encontrar el mejor equivalente para el pene.

Esquema del complejo de castración en el *varón*

(No hay odio preedípico)
1er tiempo Universalidad del pene
2do tiempo El pene está amenazado verbalmente por el padre
3er tiempo El pene está amenazado ante la visión del cuerpo desnudo de la mujer
4to tiempo • La madre está castrada • "Yo puedo estar castrado como ella", piensa el niño • Emergencia de la angustia de castración
Tiempo final Separación de la madre Deseo orientado hacia otras mujeres * Fin del complejo de castración y Fin del complejo de Edipo

Esquema del complejo de castración en la *niña*

Odio preedípico
1er tiempo Universalidad del pene (clítoris)
(No hay amenazas verbales)
2do tiempo Comparado visualmente, el clítoris resulta "inferior" al pene
3er tiempo • La madre está castrada • "Yo fui castrada como ella", piensa la niña • Emergencia de la envidia del pene • Resurgimiento del odio
Tiempo final Separación de la madre Deseo orientado hacia el padre y hacia otros hombres * Fin del complejo de castración y Nacimiento del complejo de Edipo

Fragmentos de las obras de S. Freud sobre la castración

Selección bibliográfica sobre la castración

Fragmentos de las obras de S. Freud sobre la castración

Tanto para el niño como para la niña, el pene es un atributo universal

La primera [de las teorías sexuales infantiles] se enlaza con el desconocimiento de las diferencias sexuales (...) consiste en atribuir a toda persona, incluso a las de sexo femenino, órganos genitales masculinos como los que el niño conoce por su propio cuerpo (1908).[1]

*

El carácter principal de esta "organización genital infantil" (...) consiste en que el sujeto infantil no admite sino un órgano genital, el masculino, para ambos sexos. No existe, pues, una primacía genital, sino una primacía del falo (1923).[2]

*

Para el niño, el pene está amenazado

Ya es conocido cómo reaccionan [los niños] a la primera percepción de la falta del pene en las niñas. Niegan tal falta, creen ver el miembro y salvan la contradicción entre la observación y el prejuicio pretendiendo que el órgano es todavía muy pequeño y crecerá cuando la niña vaya siendo mayor. Poco a poco llegan luego a la conclusión, efectivamente muy importante, de que la niña poseía al principio un miembro análogo al suyo, del cual luego fue despojada. La carencia de pene es interpretada como el resultado de una castración, surgiendo entonces en el niño el temor a la posibilidad de una mutilación análoga (1923).[3]

*

La experiencia visual del niño reactiva las amenazas verbales anteriores

[La madre] recurre al expediente violento, amenazándolo [al niño] con quitarle esa cosa con la cual la desafía [el pene, objeto de prácticas masturbatorias]. Generalmente, delega en el padre la realización de tal amenaza, para tornarla más digna de crédito: le contará todo al padre y éste le cortará el miembro. Aunque parezca extraño, tal amenaza sólo surte su efecto siempre que antes haya sido cumplida otra condición, pues, en sí misma, al niño le parece demasiado inconcebible que tal cosa pueda suceder. Pero si (...) poco después llega a ver el órgano genital femenino, al cual le falta, en efecto, esa parte apreciada por sobre todo lo demás, entonces toma en serio lo que le han dicho y, cayendo bajo la influencia del complejo de castración, sufre el trauma más poderoso de su joven existencia (1938).[4]

*

La creencia del niño en la universalidad del pene es más fuerte que la realidad de la percepción de la falta de pene

Cuando el niño ve desnuda a una hermanita suya o a otra niña, sus manifestaciones demuestran que su prejuicio ha llegado a ser lo bastante enérgico para falsear la percepción de lo real. Así, no comprueba la falta del miembro, sino que dice regularmente, como con intención consoladora y conciliante: "El... es aún pequeñito, pero ya le crecerá cuando [la niña] vaya siendo mayor" (1908).[5]

*

Entre el amor narcisista por su pene y el amor incestuoso por su madre, el niño elige su pene

Si la satisfacción amorosa basada en el complejo de Edipo ha de costar la pérdida del pene, surgirá un conflicto entre el interés narcisista por esta parte del cuerpo y la carga libidinosa de los objetos parentales. En este conflicto vence normalmente el primer poder y el yo del niño se aparta del complejo de Edipo (1924-fr. 1923).[6]

*

La masculinidad del niño casi nunca soporta esa primera conmoción [de la angustia de castración]. A fin de salvar su miembro sexual, renuncia más o menos completamente a la posesión de la madre (1938).[7]

*

El complejo de castración en la niña

En la niña el complejo de Edipo es una formación secundaria: lo preceden y lo preparan las repercusiones del complejo de castración. En lo que se refiere a la relación entre los complejos de Edipo y de castración, surge un contraste fundamental entre ambos sexos. Mientras el complejo de Edipo del varón se aniquila en el complejo de castración, el de la niña es posibilitado e iniciado por el complejo de castración. Esta contradicción se explica considerando que el complejo de castración actúa siempre en el sentido dictado por su propio contenido: inhibe y restringe la masculinidad, estimula la femineidad (1925).[8]

*

Para la niña, su clítoris es un pene

El clítoris de la niña se comporta al principio exactamente como un pene (1924 - fr. 1923).[9]

*

La mujer tiene dos [zonas genitales predominantes]: la vagina, órgano femenino propiamente dicho, y el clítoris, órgano análogo al pene masculino. Durante muchos años la vagina es virtualmente inexistente (...). Lo esencial de la genitalidad femenina debe girar alrededor del clítoris de la infancia (1931).[10]

*

La niña sabe que siempre estuvo castrada

La mujer no necesita este fantasma [de castración] puesto que ya ha venido al mundo castrada, en tanto mujer (1912).[11]

*

La niña, luego la mujer, experimenta la envidia del pene

La esperanza [de la niña] de que, a pesar de todo, obtendrá alguna vez un pene y será entonces igual al hombre, es susceptible de persistir hasta una edad insospechadamente madura y puede convertirse en motivo de la conducta más extraña e inexplicable de otro modo (1925).[12]

*

También el complejo de castración de la niña es iniciado por la visión genital del otro sexo. La niña advierte enseguida la diferencia (...). Se siente en grave situación de inferioridad, manifiesta con gran frecuencia que también ella "quisiera tener una cosita así", y sucumbe a la *envidia del pene,* que dejará huellas perdurables en su evolución y en la formación de su carácter. El que la niña reconozca su carencia de pene no quiere decir que la acepte de buen grado. Aún en tiempos en que el conocimiento de la realidad la ha hecho ya abandonar semejante deseo por irrealizable, el análisis puede demostrar que el mismo perdura en lo inconsciente y ha conservado una considerable carga de energía (1933).[13]

*

La madre está castrada: resurgimiento del odio

... la niña considera al principio su castración como un infortunio individual, y sólo paulatinamente lo va extendiendo a otras criaturas femeninas y, por último, también a la madre. El objeto de su amor era la madre fálica; con el descubrimiento de que la madre está castrada se le hace posible abandonarla como objeto amoroso, y entonces los motivos de hostilidad, durante tanto tiempo acumulados, vencen en toda la línea (1933).[14]

*

Una consecuencia de la envidia fálica parece radicar en el relajamiento de los lazos cariñosos con el objeto materno. (...) la falta de pene es casi siempre achacada a la madre de la niña que la echó al mundo tan insuficientemente dotada (1925).[15]

*

La enemistad de algunas hijas contra su madre tiene como última raíz el reproche de haberlas parido mujeres y no hombres (1916).[16]

*

Cambio del partenaire *amado: la madre cede el lugar al padre*

... lleva [a la niña] al abandono de la madre amada, a quien la hija, bajo el influjo de la envidia fálica, no puede perdonar el que la haya traído al mundo tan insuficientemente dotada. En medio de este resentimiento abandona a la madre y la sustituye, en calidad de objeto amoroso, por otra persona: por el padre (...). [Ella] odia ahora a la madre que antes amara, aprovechando una doble motivación: la odia tanto por celos como por el rencor que le guarda debido a su falta de pene. Al principio su nueva relación con el padre puede tener por contenido el deseo de disponer de su pene (1938).[17]

*

Cambio de la zona erógena de la niña: el clítoris cede lugar a la vagina

Podemos, pues, mantener que en la fase fálica de la niña es el clítoris la zona erógena directiva. Pero no con carácter de permanencia, pues, con el viraje hacia la feminidad, el clítoris debe ceder, total o parcialmente, su sensiblidad y con ella su significación a la vagina (1933).[18]

*

Cambio del objeto deseado: el pene cede lugar a un niño

El deseo con el que la niña se orienta hacia el padre es quizás, originalmente, el de conseguir de él el pene que la madre le ha negado. Pero la situación femenina se constituye luego, cuando el deseo de tener un pene es relevado por el de tener un niño, sustituyéndose así el niño al pene, conforme a la antigua equivalencia simbólica (1933).[19]

*

El complejo de Edipo es el devenir "normal" de la mujer

Su anhelo de poseer un pene, anhelo en realidad inextinguible, puede llegar a satisfacerse si logra completar el amor al órgano convirtiéndolo en amor al portador del mismo (1938).[20]

*

* *

Referencias de los fragmentos citados

[1] *Teorías sexuales infantiles,* Madrid, Biblioteca Nueva, 1973, *Obras completas,* t. II, pág. 1265.

[2] *La organización genital infantil,* Madrid, Biblioteca Nueva, 1973, *Obras completas,* t. III, pág. 2699.

[3] *Ibíd.*, pág. 2699.

[4] *Compendio del psicoanálisis,* Madrid, Biblioteca Nueva, 1973, *Obras completas,* t. III, pág. 3407.

[5] *Teorías sexuales infantiles, op. cit.*, págs. 1265-1266.

[6] *La disolución del complejo de Edipo,* Madrid, Biblioteca Nueva, 1973, *Obras completas,* t. III, pág. 2750.

[7] *Compendio del psicoanálisis, op. cit.*, pág. 3408.

[8] *Algunas consecuencias psíquicas de la diferencia sexual anatómica,* Madrid, Biblioteca Nueva, 1973, *Obras completas,* t. III, pág. 2901.

[9] *La disolución del complejo de Edipo, op. cit.*, pág. 2751.

[10] *Sobre la sexualidad femenina,* Madrid, Biblioteca Nueva, 1973, *Obras completas,* t. III, pág. 3079.

[11] "Minutes de la Sociètè Psychanalytique de Vienne", sesión del 20 de marzo de 1912, en *Les Premiers Psychanalystes,* t. IV, Gallimard, 1983, pág. 105.

[12] *Algunas consecuencias psíquicas de la diferencia sexual anatómica, op. cit.*, pág. 2899.

[13] "La femineidad", en *Nuevas lecciones introductorias al psicoanálisis,* Madrid, Biblioteca Nueva, 1973, *Obras completas,* t. III, pág. 3172.

[14] *Ibíd.*, pág. 3173.

[15] *Algunas consecuencias psíquicas de la diferencia sexual anatómica, op. cit.*, pág. 2900.

[16] *Varios tipos de carácter descubiertos en la labor analítica,* Madrid, Biblioteca Nueva, 1973, *Obras completas,* t. III, pág. 2416.

[17] *Compendio del psicoanálisis*, *op. cit.*, págs. 3409-3410.
[18] "La femineidad", *loc. cit.*, págs. 3167-3168.
[19] *Ibíd.*, págs. 3173-3174.
[20] *Compendio del psicoanálisis*, *op. cit.*, pág. 3410.

Selección bibliográfica sobre la castración

FREUD, S.

1905 *Trois essais sur la théorie de la sexualité,* Gallimard, 1962, págs. 91-92, y nota 51 (de 1920), pág. 179-180. [Hay versión en castellano: *Tres ensayos para una teoría sexual,* Madrid, Biblioteca Nueva, 1973, *Obras completas,* tomo II].

1908 "Les théories sexuelles infantiles", en *La vie sexuelle,* P.U.F., 1969, pág. 19. [Hay versión en castellano: *Teorías sexuales infantiles,* Madrid, Biblioteca Nueva, 1973, *Obras completas,* tomo II].

1909 "Analyse d'une phobie chez un petit garçon de cinq ans. (Le petit Hans)", en *Cinq Psychanalyses,* P.U.F., 1954, págs. 95-98, 168-189. [Hay versión en castellano: *Análisis de la fobia de un niño de cinco años (Caso "Juanito"),* Madrid, Biblioteca Nueva, 1973, *Obras completas,* tomo II].

1910 *Un souvenir d'enfance de Léonard de Vinci,* Gallimard, 1977, pág. 71-77. [Hay versión en castellano: *Un recuerdo infantil de Leonardo Da Vinci,* Madrid, Biblioteca Nueva, 1973, *Obras completas,* tomo II].

1917 "Sur las transpositions de pulsions plus particulièrement dans l'erotisme anal", en *La vie sexuelle,* op. cit., págs. 106-112. [Hay versión en castellano: *Sobre las transmutaciones de los instintos y especialmente del erotismo anal,* Madrid, Biblioteca Nueva, 1973, *Obras completas,* tomo II].

1918 "Extrait de l'histoire d'une nevrose infantile. (L'Homme aux loupes)", en *Cinq Psychanalyses, op. cit.*, págs. 378-392. [Hay versión en castellano: *Historia de una neurosis infantil (Caso del "Hombre de los lobos")*, Madrid, Biblioteca Nueva, 1973, *Obras completas*, tomo II.]

1923 "L'organization génitale infantile", en *La vie sexuelle, op. cit.*, págs. 113-116. [Hay versión en castellano: *La organización genital infantil. Adición a la teoría sexual*, Madrid, Biblioteca Nueva, 1973, *Obras completas*, tomo III.]

1923 "La disparition du complexe d'Œdipe", en *La vie sexuelle, op. cit.*, págs. 117-122. [Hay versión en castellano: *La disolución del complejo de Edipo*, Madrid, Biblioteca Nueva, 1973, *Obras completas*, tomo III.]

1925 "Quelques conséquences psychiques de la différence anatomique entre les sexes", en *La vie sexuelle, op. cit.*, págs. 123-132. [Hay versión en castellano: *Algunas consecuencias psíquicas de la diferencia sexual anatómica*, Madrid, Biblioteca Nueva, 1973, *Obras completas*, tomo III.]

1927 "Le fétichisme", en *La vie sexuelle, op. cit.*, págs. 133-138. [Hay versión en castellano: *Fetichismo*, Madrid, Biblioteca Nueva, 1973, *Obras completas*, tomo III.]

1931 "Sur la sexualité féminine", en *La vie sexuelle, op. cit.*, págs. 139-155. [Hay versión en castellano: *Sobre la sexualidad femenina*, Madrid, Biblioteca Nueva, 1973, *Obras completas*, tomo III.]

1933 "La féminité", en *Nouvelles Conférences d'introduction à la psychanalyse*, Gallimard, 1984, pág. 167-175. [Hay versión en castellano: "La femineidad", en *Nuevas lecciones introductorias al psicoanálisis*, Madrid, Biblioteca Nueva, 1973, *Obras completas*, tomo III.]

1937 "L'analyse avec fin et l'analyse sans fin", en *Résultats, Idées, Problèmes II* (1921-1938), P.U.F., 1985, págs. 265-268. [Hay versïón en castellano: *Análisis terminable e interminable*, Madrid, Biblioteca Nueva, 1973, *Obras completas*, tomo III.]

1938 "Le clivage du moi dans le processus de défense", en

Résultats, Idées, Problèmes II, op. cit., págs. 283-286. [Hay versión en castellano: *Escisión del "yo" en el proceso de defensa,* Madrid, Biblioteca Nueva, 1973, *Obras completas,* tomo III].

1938 *Abrégé de psychanalyse,* P.U.F. 1949, págs. 60-61, 65-66. [Hay versión en castellano: *Compendio del psicoanálisis,* Madrid, Biblioteca Nueva, 1973, *Obras completas,* tomo III].

LACAN, J.

Le Séminaire, livre III, *Les Psychoses,* Seuil, 1981, págs. 21-22, 170, 195-205, 349-355. [Hay versión en castellano: *El Seminario 3. Las psicosis,* Barcelona, Paidós, 1983].

La relation d'objet et les structures freudiennes (seminario inédito), lecciones del 12 de diciembre de 1956, del 16 de enero de 1957, del 30 de enero de 1957, de febrero de 1957 y de marzo de 1957.

Les formations de l'inconscient (seminario inédito), lecciones de marzo de 1958, de abril de 1958, de mayo de 1958 y del 5 de junio de 1958.

Le désir et son interprétation (seminario inédito), lecciones de febrero de 1959, de abril de 1959, del 13 de mayo de 1959, del 20 de mayo de 1959, del 10 de junio de 1959, del 17 de junio de 1959 y del 1º de julio de 1959.

Ecrits, Seuil, 1966, págs. 232, 386-393, 555-556, 565, 685-695, 732, 820. [Hay versión en castellano: *Escritos I,* México, Siglo XXI, 1970 y *Escritos II,* México, Siglo XXI, 1978].

*

* *

DOLTO, F., *La sexualité féminine,* Le Livre de Poche, 1982, pág. 99. [Hay versión en castellano: *La sexualidad femenina*].

—, *L'image inconscient du corps,* Seuil, 1984, págs. 63-208. [Hay versión en castellano: *La imagen inconsciente del cuerpo*].

LECLAIRE, S., *Psychanalyser*, Seuil, 1968, cap. 8. [Hay versión en castellano: *Psicoanalizar,* México, Siglo XXI, 1978].

—, *Démasquer le réel,* Seuil, 1971, pág. 45-53. [Hay versión en castellano: *Desenmascarar lo real. El objeto en psicoanálisis.* Buenos Aires, Paidós, 1982].

NASIO, J.-D., *L'inconscient à venir,* Bourgois, 1980, págs. 41-43.

SAFOUAN, M. *La sexualité féminine,* Seuil, 1976, pág. 73-94, 129-141.

2

El concepto de FALO

El concepto de falo

El término "falo", rara vez utilizado en los escritos freudianos, es empleado en ocasiones para nombrar el "estadio fálico"; momento particular del desarrollo de la sexualidad infantil durante el cual culmina el complejo de castración. Freud utiliza con más frecuencia el término "pene" cada vez que tiene que designar la parte amenazada del cuerpo del varón y ausente del cuerpo de la mujer. En el capítulo anterior, dedicado a la castración, se dejó en suspenso esta distinción pene-falo y se mantuvo —en pos de una mayor claridad— el vocabulario freudiano. Fue Jacques Lacan quien elevó el vocablo "falo" al rango de concepto analítico y reservó el vocablo "pene" para denominar sólo el órgano anatómico masculino. No obstante, en muchas ocasiones, Freud ya había esbozado esta diferencia que Lacan se esforzará por acentuar, mostrando hasta qué punto la referencia al falo es preponderante en la teoría freudiana. Es así como Lacan puede escribir: "Este es un hecho verdaderamente esencial (...) cualquiera sea el reordenamiento que [Freud] haya introducido en su teorización (...) la prevalencia del centro fálico nunca fue modificada."[1]

La primacía del falo no debe ser confundida con una supuesta primacía del pene. Cuando Freud insiste en el carácter exclusivamente masculino de la libido, de lo que

[1] Lacan, J.: *El seminario*, libro III, *Las psicosis*, Barcelona, Paidós, 1984, pág. 444.

se trata no es de libido peniana sino de libido fálica. Es decir que el elemento organizador de la sexualidad humana no es el órgano genital masculino sino la *representación* construida sobre esta parte anatómica del cuerpo del hombre. La preponderancia del falo significa que la evolución sexual infantil y adulta se ordena según la presencia o ausencia de este pene imaginario —denominado falo— en el mundo de los humanos. Lacan sistematizará la dialéctica de la presencia y de la ausencia en torno al falo a través de los conceptos de falta y de significante.

¿Pero qué es el falo?

Si retomamos la totalidad del proceso de la castración tal como fue estudiado en el varón y en la niña, podemos deducir que el objeto central en torno al cual se organiza el complejo de castración no es, a decir verdad, el órgano anatómico peniano sino su representación. Lo que el niño percibe como el atributo poseído por algunos y ausente en otros no es el pene sino su representación psíquica, ya sea bajo la forma imaginaria o bajo la forma simbólica. Hablaremos entonces de falo imaginario y de falo simbólico.

*

* *

Falo imaginario

La forma imaginaria del pene, o falo imaginario, es la representación psíquica inconsciente que resulta de tres factores: anatómico, libidinal y fantasmático. Ante todo, el factor anatómico, que resulta del carácter físicamente prominente de este apéndice del cuerpo y que confiere al pene una fuerte pregnancia, a un tiempo táctil y visual. Es la "buena forma" peniana la que se impone a la percepción del niño bajo la alternativa de una parte presente o ausente del cuerpo. Luego, segundo factor, la intensa carga libidinal acumulada en esta región peniana y que suscita los frecuentes tocamientos autoeróticos del niño. Y para finalizar, el tercer factor, fantasmático, ligado a la angustia provocada por el fantasma de que dicho órgano podría ser alguna vez mutilado. A partir de todo esto se hace fácilmente comprensible el hecho de que el término "pene" —vocablo anatómico— resulte impropio para designar esta entidad imaginaria creada por la buena forma de un órgano pregnante, el intenso amor narcisista que el niño le confiere y la inquietud extrema de verlo desaparecer. En suma, el pene, en su realidad anatómica, no forma parte del campo del psicoanálisis; sólo entra en este campo en tanto atributo imaginario —falo imaginario— con el cual están provistos solamente algunos seres. Vamos a ver que a su vez este falo imaginario toma otro estatuto, el de operador simbólico.

*
* *

Falo simbólico

El falo es un objeto intercambiable

La figura simbólica del pene, o para ser más precisos, la figura simbólica del falo imaginario, o "falo simbólico" puede entenderse según distintas acepciones. Ante todo, aquella que asigna al órgano masculino el valor de *objeto separable* del cuerpo, desmontable e *intercambiable* con otros objetos. Ya no se trata aquí, como en el caso del falo imaginario, de que el falo simbólico sea un objeto presente o ausente, amenazado o preservado, sino de que ocupe uno de los lugares en una serie de términos equivalentes. Por ejemplo, en el caso del complejo de castración masculino, el falo imaginario puede ser reemplazado por cualquiera de los objetos que se ofrecen al niño en el momento en que es obligado a renunciar al goce con su madre. Puesto que debe renunciar a la madre, también abandona el órgano imaginario con el cual esperaba hacerla gozar. El falo es intercambiado entonces por otros objetos equivalentes (pene = heces = regalos = ...). Esta serie conmutativa, denominada por Freud "ecuación simbólica", está constituida por objetos diversos cuya función, a la manera de un señuelo, estriba en mantener el deseo sexual del niño, a la vez que le posibilitan apartar la peligrosa eventualidad de gozar de la madre. Queremos subrayar también que el valor de objeto intercambiable del órgano masculino en su estatuto imaginario (falo imaginario) se reconoce de modo notorio en esa tercera salida del complejo de castración femenino que en el capítulo anterior caracterizamos como la sustitución del deseo del pene por el deseo de procrear: el falo imaginario es reemplazado *simbólicamente* por un niño.

El falo es el patrón simbólico

Pero el falo es mucho más que un término entre otros en una serie conmutativa; es en sí mismo la condición que garantiza la existencia de la serie y que hace posible que objetos heterogéneos en la vida sean objetos equivalentes en el orden del deseo humano. Dicho de otra manera, la experiencia de la castración es tan crucial en la constitución de la sexualidad humana que el objeto central imaginario en derredor del cual se organiza la castración —falo imaginario— va a marcar con su impronta todas las demás experiencias erógenas sea cual fuere la zona del cuerpo concernida. El destete, por ejemplo, o el control del esfínter anal, van a reproducir el mismo esquema que el de la experiencia de la castración. Desde esta perspectiva, también los objetos perdidos —el seno que el niño pierde o las heces que se desprenden— toman el valor del falo imaginario. Así, el mismo falo imaginario deja de ser imaginario, se excluye de la serie y se convierte en el *patrón simbólico* que hará posible que objetos cualesquiera sean sexualmente equivalentes, es decir, todos ellos referidos a la castración.

Si el falo puede excluirse de la serie conmutativa y constituir su referente invariable, es porque es la huella de este acontecimiento mayor que es la castración, es decir, la aceptación por todo ser humano del límite impuesto al goce en relación con la madre. El falo simbólico significa y recuerda que todo deseo en el hombre es un deseo sexual, es decir, no un deseo genital sino un deseo tan insatisfecho como el deseo incestuoso al cual el ser humano hubo de renunciar. Afirmar con Lacan que el falo es el significante del deseo implica recordar que todas las experiencias erógenas de la vida infantil y adulta, todos los deseos humanos (deseo oral, anal, visual, etcétera) estarán siempre marcados por la experiencia crucial de haber tenido que renunciar al goce de la madre y aceptar la insatisfacción del deseo. Decir que el falo es el significante del deseo equivale a decir que todo deseo es sexual, y que todo deseo es finalmente insatisfecho. Insistamos una vez más a fin de evitar equívocos: en el campo del psicoanálisis los términos "sexual" o "sexualidad" no deben ser confundidos con el erotismo genital sino referidos al siguiente hecho esencial de la vida libidinal, a saber: las satisfacciones resultan siempre insuficientes respecto del mito del goce incestuoso. El significante fálico es el límite que separa el mundo de la sexualidad siempre insatisfecha del mundo del goce que se supone absoluto.

Aún existe una tercera acepción del falo simbólico, pero está implicada de modo tan directo en la teoría lacaniana de la castración que tendremos que repasar previamente sus puntos fundamentales. Ante todo, recordemos que distinguimos el *pene real* del *falo imaginario,* y éste último del *falo simbólico* en sus dos estatutos, el de ser un objeto sustituible entre otros y el de ser —fuera de esos objetos— el referente que garantiza la operación misma de su sustitución.

El falo es el significante de la ley

En la concepción lacaniana la castración no se define tan sólo por la amenaza que provoca la angustia del niño, ni por la constatación de una falta que origina la envidia del pene de la niña; se define, fundamentalmente, por la *separación* entre la madre y el hijo. Para Lacan la castración es el corte producido por un acto que secciona y disocia el vínculo imaginario y narcisista entre la madre y el niño. Como ya hemos visto, la madre en tanto mujer coloca al niño en el lugar de falo imaginario, y a su vez el niño se identifica con este lugar para colmar el deseo materno. El deseo de la madre, como el de toda mujer, es el de tener el falo. El niño, entonces, se identifica como si fuera él mismo ese falo, el mismo falo que la madre desea desde que entró en el Edipo. Así, el niño se aloja en la parte faltante del deseo insatisfecho del Otro materno. De este modo se establece una relación imaginaria consolidada, entre una madre que cree tener el falo y el niño que cree serlo. Por lo tanto, a diferencia de lo que habríamos enunciado con Freud, el acto castrador no recae exclusivamente sobre el niño sino sobre el *vínculo* madre-niño. Por lo general, el agente de esta operación de corte es el padre, quien representa la ley de prohibición del incesto. Al recordar a la madre que no puede reintegrar el hijo a su vientre, y al recordar al niño que no puede poseer a su madre, el padre castra a la madre de toda pretensión de tener el falo y al mismo tiempo castra al niño de toda pretensión de ser el falo para la madre. La palabra paterna que encarna la ley simbólica realiza entonces una doble castración: castrar al Otro materno de *tener el falo* y castrar al niño de *ser el falo*.

A fin de acentuar mejor la distinción entre la teoría lacaniana de la castración y del falo, y las tesis freudianas, subrayemos que en Lacan:

—la castración es más un acto de corte que una amenaza o una envidia;

—este acto recae más bien sobre un vínculo que sobre una persona;

—este acto apunta a un objeto: el falo imaginario, objeto deseado por la madre con el cual el niño se identifica;

—el acto de castración, aun cuando es asumido por el padre, no es en realidad la acción de una persona física sino la operación simbólica de la palabra paterna. El acto de la castración obra por la ley a la cual el padre mismo, como sujeto, está inexorablemente sometido.

Madre, padre, hijo, todos ellos están sujetos al orden simbólico que asigna a cada uno su lugar definido e impone un límite a su goce. Para Lacan, el agente de la castración es la efectuación en todas sus variantes de esta ley impersonal, estructurada como un lenguaje y profundamente inconsciente. Una prueba a atravesar, un obstáculo a franquear, una decisión a tomar, un examen a aprobar, etcétera, son todos desafíos de la vida cotidiana que reactualizan —sin que el sujeto tenga conciencia de ello y al precio de una pérdida— la fuerza separadora de un límite simbólico. Se hace comprensible entonces el sentido de la fórmula lacaniana: la castración es simbólica y su objeto imaginario. Es decir que es la ley que rompe la ilusión de todo ser humano de creerse poseedor o de identificarse con una omnipotencia imaginaria.

Ahora podemos concebir la tercera acepción del falo simbólico en tanto asimilado por Lacan a la ley misma en su eficacia interdictora del incesto y separadora del vínculo madre-niño. Nos encontramos, entonces, ante una singular paradoja: el mismo falo es, en tanto imaginario, el *objeto* al cual apunta la castración y, en tanto simbólico, el *corte* que opera la castración. La dificultad para despejar con claridad la teoría lacaniana del falo proviene justamente de estas múltiples funciones encarnadas por el falo. El pene real, por estar investido, sólo existe como falo imaginario; a su vez el falo imaginario, por ser intercambiable, sólo existe como falo simbólico; y finalmente el falo simbólico, por ser significante del deseo, se confunde con la ley separadora de la castración.

Fragmentos de las obras de S. Freud y de J. Lacan sobre el falo

Selección bibliográfica sobre el falo

Fragmentos de las obras de S. Freud y de J. Lacan sobre el falo

Freud

El falo es un objeto separable y sustituible

El pene queda así reconocido como algo separable del cuerpo y relacionado, por analogía, con el excremento, primer trozo de nuestro cuerpo al cual tuvimos que renunciar (1917).[1]

*

... no sólo en los órganos genitales sitúa [el niño] la fuente del placer que espera, sino que otras partes de su cuerpo aspiran en él a esa misma sensibilidad, procuran sensaciones de placer análogas y de este modo pueden jugar el rol de órganos genitales (1917).[2]

*
* *

Lacan

El falo es un patrón simbólico

El falo en la doctrina freudiana no es una fantasía, si hay que entender por ello un efecto imaginario. No es tampoco como tal un objeto (parcial, interno, bueno, malo, etcétera...) en la medida en que ese término tiende a apreciar la realidad interesada en una relación. Menos aun es el órgano, pene o clítoris que simboliza. ... Pues el falo es un significante (...), el significante destinado a designar en su conjunto los efectos del significado.[3]

*

El falo es el significante del deseo

Y en primer lugar, ¿por qué hablar de falo y no de pene? Es que no se trata de una forma o de una imagen o de una fantasía, sino de un significante, el significante del deseo.[4]

*

De hecho lo que hay que reconocer es la función del falo, no como objeto, sino como significante del deseo, en todos sus avatares.[5]

*

El falo simbólico equivale a la ley

La metáfora paterna actúa en sí por cuanto la primacía del falo es instaurada en el orden de la cultura.[6]

*

El niño es el falo imaginario del deseo de la madre

En la relación primordial con la madre [el niño] hace la experiencia de lo que a ésta le falta: el falo (...) Entonces se esfuerza por satisfacer [en ella] ese deseo imposible de colmar en una dialéctica muy particular de señuelo, por ejemplo en actividades de seducción, ordenadas todas ellas en torno al falo [simbólico] presente-ausente.[7]

*

En un primer tiempo, el niño está en relación con el deseo de la madre, es deseo de deseo. El objeto de ese deseo es el falo, objeto metonímico, esencialmente en cuanto circulará por todas partes en el significado: es en la madre donde se planteará la cuestión del falo y donde el niño debe descubrirla.[8]

Si el deseo de la madre *es* el falo, el niño quiere ser el falo para satisfacerlo.[9]

*

El niño es castrado de "ser el falo"

... la solución del problema de la castración no está en el dilema: tenerlo o no tenerlo; el sujeto debe primero reconocer que no lo *es*. Sólo a partir de aquí, sea hombre o mujer, podrá normalizar su posición natural.[10]

*

Si el niño es castrado de "ser el falo", puede entonces tener el falo bajo la forma del intercambio simbólico

El falo tiene en efecto una función de equivalencia en la relación con el objeto: es en proporción con cierta renuncia al falo como el sujeto entra en posesión de la pluralidad de los objetos que caracterizan al mundo humano.[11]

*

La castración es simbólica, su objeto imaginario

La castración, en tanto se la encuentra en la génesis de una neurosis, no es jamás real sino simbólica y recae sobre un objeto imaginario.[12]

*

El falo imaginario es una imagen en negativo, un agujero en la imagen del otro

... el falo, o sea la imagen del pene, es negatividad en su lugar en la imagen especular [del otro].[13]

*

* *

Referencias de los fragmentos citados

[1] *Sobre las transmutaciones de los instintos y especialmente del erotismo anal*, Madrid, Biblioteca Nueva, 1973, *Obras completas*, t. II, pág. 2038.
[2] *Introduction à la psychanalyse*, Payot, 1981, págs. 193-194. [Hay versión castellana: *Lecciones introductorias al psicoanálisis*, Madrid, Biblioteca Nueva, 1973, *Obras completas, t.* II].
[3] "La significación del falo", en *Escritos*, Buenos Aires, Siglo XXI, t. II, págs. 669-670.
[4] *Las formaciones del inconsciente*, transcripción de J.-B. Pontalis, Buenos Aires, Nueva Visión, 1970, pág. 112.
[5] *Ibíd.*, pág. 124.
[6] *Ibíd.*, pág. 86.
[7] *La relation d'objet et les structures freudiennes*, transcripción de J.-B. Pontalis, en *Bulletin de psychologie*, t. X (1956-1957), pág. 743.
[8] *Las formaciones del inconsciente, op. cit.*, pág. 89.
[9] "La significación del falo", *loc. cit.*, pág. 673.
[10] *Las formaciones del inconsciente, op. cit.*, pág. 124.
[11] *El deseo y su interpretación*, transcripción de J.-B. Pontalis, en *Las formaciones del inconsciente, op. cit.*, pág. 173.
[12] *La relation d'objet et les structures freudiennes*, en *Bulletin de psychologie*, t. X (1956-1957), pág. 852.
[13] "Subversión del sujeto y dialéctica del deseo" en *Escritos, op. cit.*, t. II, pág. 822.

Selección bibliográfica sobre el falo

FREUD, S.,

1923 "L'organisation génitale infantile" en *La vie sexuelle,* P.U.F., 1969, págs. 113-116. [Hay versión en castellano: *La organización sexual infantil. Adición a la teoría sexual,* Madrid, Biblioteca Nueva, 1973, *Obras completas,* tomo III.]

1938 *Abrégé de psychanalyse,* P.U.F., 1949, pág. 15. [Hay versión en castellano: *Compendio de psicoanálisis,* Madrid, Biblioteca Nueva, 1973, *Obras completas,* tomo III.]

LACAN, J.,

La relation d'objet et les structures freudiennes (seminario inédito), lecciones de diciembre de 1956, marzo de 1957, 19 y 26 de junio de 1957.

Les formations de l'inconscient (seminario inédito), lecciones de marzo, abril, mayo y junio de 1958.

Le désir et son interprétation (seminario inédito), lecciones de abril, mayo, junio y julio de 1959.

Ecrits, Seuil, 1966, págs. 522, 555-556, 565-566, 608, 632-633, 683, 685-695, 715, 732, 793-827. [Hay versión en castellano: *Escritos I* y *Escritos II,* México, Siglo XXI, 1970 y 1978, respectivamente.]

*
* *

BONNET, G., "La logique phallique" en *Psychanalyse à l'Université,* 1980, vol. 5, Nº 20, pág. 621.
CONTÉ, C. y SAFOUAN, M., artículo "Phallus", en *Encyclopaedia Universalis,* vol. XII, págs. 914-915.
FENICHEL, O., "The symbolic equation: Girl = Phallus" en *Psychoanalytic Quarterly,* 1949, XX, vol. 3, págs. 303-324.
LECLAIRE, S., *Démasquer le réel,* Seuil, 1971, págs. 45-53. [Hay versión castellana: *Desenmascarar lo real,* Buenos Aires, Paidós, 1982.]
NASIO, J. D., "Métaphore et phallus" en *Démasquer le réel, op. cit.,* págs. 101-117. [Hay versión castellana: *Desenmascarar lo real,* Buenos Aires, Paidós, 1982].
TAILLANDIER, G., "Le phallus: une note historique", en *Esquisses psychanalytiques,* primavera 1988, Nº 9, pág. 199.

3

El concepto de NARCISISMO

El concepto de narcisismo*

Sylvie Le Poulichet

La referencia al mito de Narciso, que evoca el amor orientado a la imagen de uno mismo, podría hacer creer que semejante amor sería totalmente independiente de las pulsiones sexuales tal como Freud las puso de manifiesto. Ahora bien, en el campo del psicoanálisis el concepto de narcisismo representa, por el contrario, un modo particular de relación con la sexualidad.

A fin de exponer el concepto de narcisismo, seguiremos la evolución de dicha noción a través de los trabajos sucesivos de Freud y de Lacan. No vamos a establecer en su totalidad las referencias en estos dos autores, sino que intentaremos despejar las líneas centrales que sitúan la comprensión del concepto.

Mediante el montaje de un esquema propuesto por J. D. Nasio podremos sostener a lo largo del texto los principales desarrollos teóricos.

El concepto de narcisismo en Freud

En 1898, Havelock Ellis hace una primera alusión al mito de Narciso a propósito de las mujeres cautivadas por su imagen en el espejo. Pero es Paul Näcke quien, en 1899, introduce por primera vez el término "narcisismo"

* La versión definitiva de este texto en francés fue establecida por Liliane Zolty.

en el campo de la psiquiatría. Con este término designa un estado de amor por uno mismo que constituiría una nueva categoría de perversión. Ahora bien, en esta época Freud se planteaba la pregunta de la "elección de la neurosis": ¿por qué se vuelve uno obsesivo y no histérico? En ese momento, explicaba la elección según la edad en la que sobrevino el trauma.

Habrá que esperar hasta 1910 para que Freud, en reacción a las desviaciones de algunos de sus discípulos, se vea llevado a precisar su posición sobre el narcisismo. Critica de modo radical las tesis de Jung: en efecto, el estudio de las psicosis había conducido a este último a ampliar la noción de libido hasta hacerle perder todo carácter propiamente sexual. Al mismo tiempo, se opone a Sadger con respecto a la cuestión del narcisismo en la homosexualidad. En ambos casos, Freud sostiene que un uso incorrecto de la noción de narcisismo podría desviar la investigación psicoanalítica, al subestimar la función de las pulsiones sexuales cuya preponderancia recuerda una vez más. Finalmente, estos debates lo conducen a elaborar una verdadera teoría del narcisismo.

*

*   *

Si reunimos todos los postulados de Freud sobre el narcisismo, descubriremos algunas contradicciones debidas en parte a las sucesivas reformulaciones de la teoría. En lugar de seguir la evolución a lo largo de los textos, nuestro intento radicará más bien en despejar las grandes líneas de la elaboración freudiana.

Es en 1911 cuando Freud, con ocasión de su estudio sobre la psicosis del presidente Schreber, plantea por primera vez el narcisismo como un estadio normal de la evolución de la libido. Recordemos que con el término "libido" Freud designa la energía sexual que parte del cuerpo e inviste los objetos.

Narcisismo primario y narcisismo secundario

Freud distingue dos narcisismos, primario y secundario, que vamos a abordar de modo sucesivo. En 1914, Freud, en su artículo dedicado a la "introducción" al narcisismo, define el narcisismo primario como un estado que no se puede observar de modo directo pero cuya hipótesis hay que plantear por un razonamiento deductivo.

En un principio no existe una unidad comparable al yo,* éste sólo se desarrolla de modo progresivo. El primer modo de satisfacción de la libido sería el autoerotismo, es decir el placer que un órgano obtiene de sí mismo; las pulsiones parciales buscan, independientemente una de la otra, satisfacerse en el propio cuerpo. Este es, para Freud, el tipo de satisfacción que caracteriza al narcisismo primario, cuando el yo en tanto tal aún no se constituyó. En ese entonces, los objetos investidos por las pulsiones son las propias partes del cuerpo *(figura 1)*.

En 1914, Freud pone el acento en la posición de los padres en la constitución del narcisismo primario: "El amor parental [hacia su hijo] (...) no es más que una resurrección del narcisismo de los padres", escribe.[1] Se produce una "reviviscencia", una "reproducción" del narcisismo de los padres, quienes atribuyen al niño todas las perfecciones, proyectan en él todos los sueños a los cuales ellos mismos hubieron de renunciar. "Su Majestad el Bebé" realizará "los sueños de deseo que los padres no realizaron", asegurando de este modo la inmortalidad del yo de los padres. De alguna forma, el narcisismo primario representa un espacio de omnipotencia que se crea en la confluencia del narcisismo naciente del niño y el narcisismo renaciente de los padres. En este espacio vendrían a

* Del mismo modo, la libido objetal y la libido del yo no están en una relación de exclusión: existe una reversibilidad de la libido, ya que el yo es también un objeto que se constituye en la imagen del otro.

1 Freud, S.: *Introducción al narcisismo,* Madrid, Biblioteca Nueva, 1973, Obras completas, t. II, pág.2027.

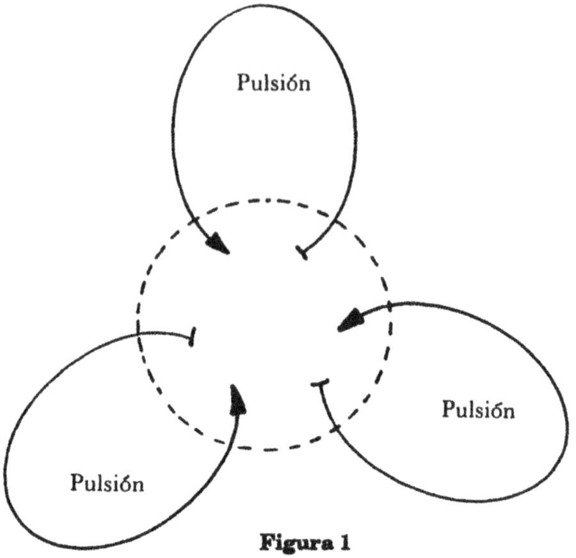

Figura 1

Narcisismo primario en donde cada pulsión se satisface autoeróticamente sobre el propio cuerpo

inscribirse las imágenes y las palabras de los padres, a la manera de los votos que, siguiendo la imagen de François Perrier, pronuncian las buenas y las malas hadas sobre la cuna del niño.[2]

Situemos ahora el narcisismo secundario, que corresponde al narcisismo del yo; para que se constituya el narcisismo secundario es preciso que se produzca un movimiento por el cual el investimiento de los objetos retorna e inviste al yo. Por lo tanto, el pasaje al narcisismo secundario supone dos movimientos[3] que podemos seguir en el siguiente esquema *(figura 2):*

[2] Perrier, F.: *La chausée d'Antin*, Bourgois, 1978, t. II, pág. 110.

[3] Estos movimientos están magistralmente indicados en 1911, en las *Observaciones psicoanalíticas sobre un caso de paranoia autobiográficamente descrito (caso Schreber)*, Madrid, Biblioteca Nueva, 1973, t. II; y en 1913 en *La disposición a la neurosis obsesiva*, Madrid, Biblioteca Nueva, 1973, *Obras completas*, t. II, pág. 1740.

a – Según Freud, el sujeto concentra sobre un objeto sus pulsiones sexuales parciales "que hasta entonces actuaban bajo el modo autoerótico"; la libido inviste el objeto, mientras la primacía de las zonas genitales aún no se ha instaurado.

b – Más tarde estos investimientos retornan sòbre el yo. La libido, entonces, toma al yo como objeto.

¿Por qué sale el niño del narcisismo primario? El niño sale de ese estadio cuando su yo se encuentra confrontado a un ideal con el cual debe medirse, ideal que se formó en su exterior y que desde allí le es impuesto.

En efecto, de a poco el niño va siendo sometido a las exigencias del mundo que lo rodea, exigencias que se traducen simbólicamente a través del lenguaje. Su madre le habla, pero también se dirige a otros. El niño comprende entonces que ella también desea fuera de él y que él no es todo para ella; ésta es la herida infligida al narcisismo primario del niño. De allí en más, el objetivo será hacerse amar por el otro, complacerlo para reconquistar su amor, pero esto sólo se puede hacer satisfaciendo ciertas exigencias, las del *ideal del yo.* En Freud este concepto designa las representaciones culturales, sociales, los imperativos éticos, tal como son transmitidos por los padres.

Para Freud, el desarrollo del yo consiste en alejarse del narcisismo primario. En realidad el yo "aspira intensamente" a reencontrarlo, y por eso, para volver a ganar el amor y la perfección narcisista, pasará por la mediación del ideal del yo. Lo que se perdió es la inmediatez del amor. Mientras que con el narcisismo primario el otro era uno mismo, ahora uno sólo se puede experimentar a través del otro. Pero el elemento más importante que viene a perturbar el narcisismo primario no es otro que el "complejo de castración". Mediante este complejo se opera el reconocimiento de una incompletud que va a suscitar el deseo de reencontrar la perfección narcisista.

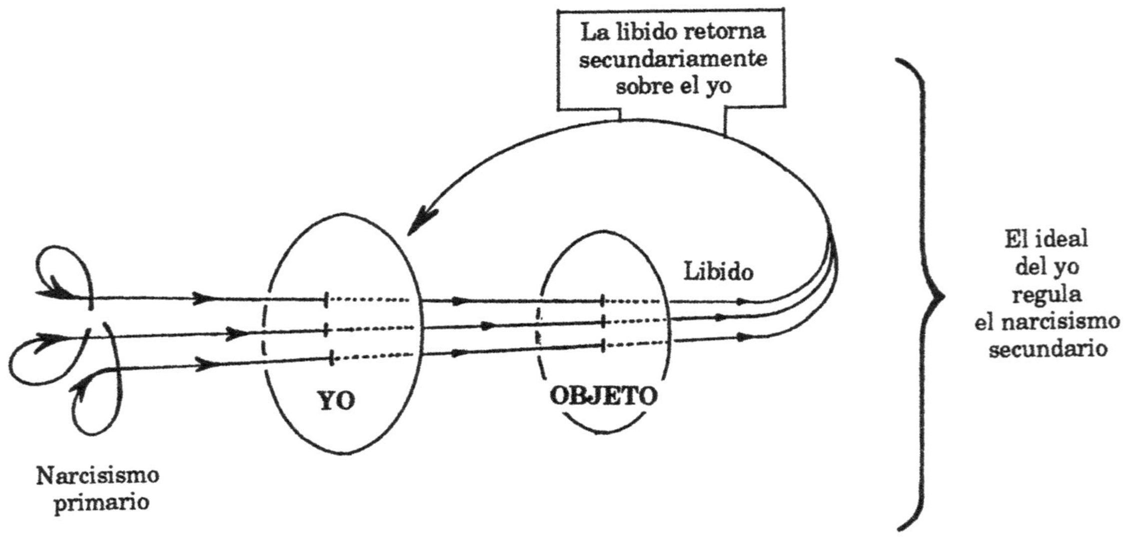

Figura 2

Movimiento de la libido en el narcisismo secundario

Imagen del yo y objeto sexual

El bosquejo del narcisismo que acabamos de presentar incluye una imagen del objeto y una imagen del yo; ahora vamos a considerar dichas imágenes en su relación con el investimiento sexual.

Volvamos a lo que afirma Freud respecto de la elección del objeto de amor en los homosexuales: ellos mismos se vuelven su propio objeto sexual —dice— es decir que "buscan, partiendo de una posición narcisista, hombres jóvenes y semejantes a su propia persona, a los que quieren amar como la madre los amó a ellos."[4] Amarse a sí mismo a través de un semejante, eso es lo que Freud denomina "elección narcisista de objeto".[5] Y precisa que todo amor por el objeto comporta una parte de narcisismo.* A propósito del presidente Schreber, Freud observaba que "... vemos una supervaloración sexual del propio yo y que podemos situar al lado de la conocida supervaloración del objeto erótico.[6] Así, podemos despejar de los textos freudianos la idea de que el yo encarna un reflejo del objeto; dicho de otra manera, el yo se modela sobre la imagen del objeto. Pero es importante subrayar que esta imagen amada constituye una imagen sexualmente investida. En el caso de la homosexualidad se trata de una imagen que representa lo que la madre desea; al amar esa imagen el homosexual se toma a sí mismo como objeto sexual.

A propósito de la elección narcisista de objeto, Freud

[4] Freud, S.: *Tres ensayos para una teoría sexual*, Madrid, Biblioteca Nueva, 1973, *Obras completas*, t. II, nota 637, pág. 1178.

[5] Elección diferente a la "elección analítica de objeto" en la que el sujeto privilegia "la mujer nutriz" o "el hombre protector", es decir, objetos sexuales derivados de las primeras experiencias de satisfacción ligadas al ejercicio de las funciones vitales.

[6] En *Caso Schreber, op. cit.*, pág. 1519.

* Para ser rigurosos, debemos establecer una precisión. Lacan reconocía el estadio del espejo como formador del yo *(Je)*, y no del yo *(moi)* como lo darían a entender estas líneas. Cf. los desarrollos de las págs. 175-176.

también evoca un estado en el cual "la mujer se basta a sí misma", hablando con precisión, sólo se ama a sí misma, y busca suscitar la envidia mostrándose. Entonces, podemos entender el narcisismo como el investimiento de su propia imagen bajo la forma de un falo.

En cuanto concierne a la relación entre la imagen del yo con la imagen del objeto, las formulaciones freudianas se van a aclarar gracias a la teoría de la identificación.

Narcisismo e identificación

Freud concibió la identificación narcisita en 1917, a partir del estudio del duelo y de la melancolía: el yo se identifica con la imagen de un objeto deseado y perdido. En la melancolía, el investimiento del objeto retorna sobre el yo, "la sombra del objeto cayó así sobre el yo", dice Freud.[7] La identificación del yo con la imagen total del objeto representa una regresión a un modo arcaico de identificación en el que el yo encuentra en una relación de incorporación al objeto. Este estudio constituye un desarrollo importante para la teoría del narcisismo y, como sucede a menudo en la trayectoria freudiana, el análisis de los fenómenos patológicos permitirá esclarecer los procesos normales.

Después de 1920, Freud enunciará claramente los postulados generales que resultan de este estudio de la melancolía. En especial, precisa que "el narcisismo del yo es de este modo un narcisismo secundario sustraído a los objetos"[8] y afirma que "la libido que fluye hacia el yo por

[7] Freud, S.: *Duelo y melancolía,* Madrid, Biblioteca Nueva, 1973, *Obras completas,* t. II, pág. 2095.

[8] Freud, S.: *El yo y el ello,* Madrid, Biblioteca Nueva, 1973, *Obras completas,* t. III, pág. 2720.

medio de las identificaciones descritas representa su narcisismo secundario".[9]

Así, la transformación de los investimientos de objeto en identificaciones contribuye en gran parte a la formación del yo. Por lo tanto, el yo resulta de la "sedimentación de los investimientos de objetos abandonados"; contiene, en cierto modo, "la historia de tales elecciones de objeto".[10] En esta medida se puede considerar que el yo resulta de una serie de "rasgos" del objeto que se inscriben inconscientemente: el yo toma los rasgos del objeto *(figura 3)*. Podemos así representarnos con el yo como una cebolla formada por distintas capas de identificación al otro.

·En suma, el narcisismo secundario se define como el investimiento libidinal (sexual) de la imagen del yo, estando esta imagen constituida por las identificaciones del yo a las imágenes de los objetos.

Neurosis narcisistas y estancamientos de la libido

En su artículo de 1914, Freud intentó responder, a partir de su teoría del narcisismo, a la pregunta de la elección de la enfermedad: ¿por qué se vuelve uno histérico, por ejemplo, y no paranoico?

Llega a la conclusión de que el neurótico mantiene una relación erótica con los objetos por la mediación de los fantasmas, mientras que en los casos de demencia precoz y de esquizofrenia (afecciones que Freud denomina "neurosis narcisistas"), los sujetos retiraron "realmente" su libido de las personas y del mundo exterior. En ambas enfermedades narcisistas se produce una retracción de la libido con la cual estaba investido el objeto. Así, toda la li-

9 *Ibíd.*, pág. 2711, Nota 1640. (El original remite a *Psicología de las masas y análisis del yo*. No encontré la nota en ese artículo, pero sí, textualmente, en el artículo que cito. [T.]

10 *Ibíd.*, pág. 2711.

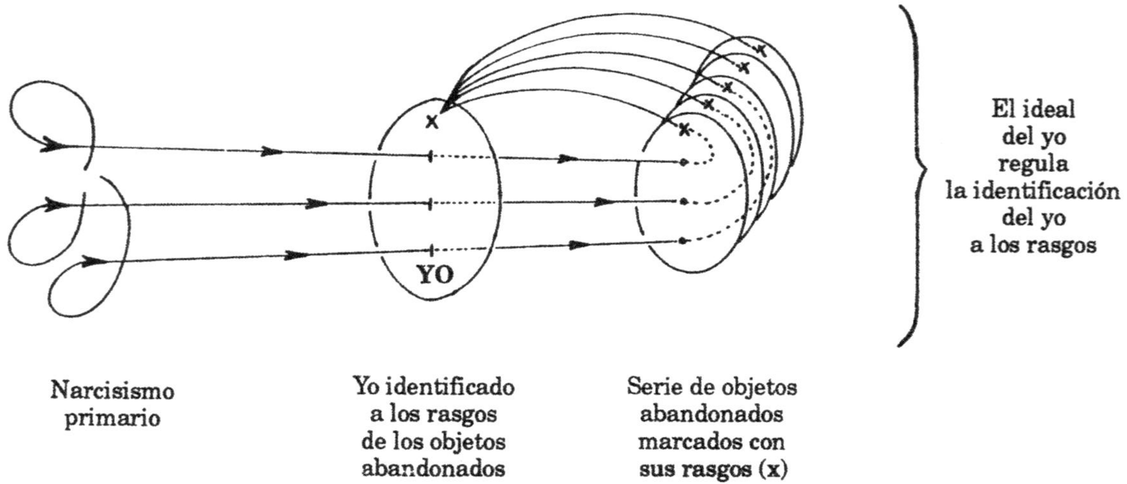

Figura 3

Movimiento de la libido en la identificación del yo a los rasgos

bido es acumulada por el yo donde se estanca, a la vez que el objeto se separa del mismo. El corte con el objeto es correlativo a una detención de la circulación de la libido.

Podemos representar este corte en el esquema *(figura 4):*

Aclaremos que, según Freud, también el neurótico abandona la relación con la realidad; pero su libido permanece ligada en el fantasma a determinadas partes del objeto: "... han sustituido los objetos reales por otros imaginarios, o los han mezclado con ellos."[11]

En ese mismo artículo de 1914, Freud describe otras formas de "estancamiento de la libido", que representan otras tantas vías que posibilitan el abordaje de la cuestión del narcisismo: se trata de la enfermedad orgánica y de la hipocondría. En la enfermedad orgánica el enfermo retira regularmente todo su "interés libidinal" del mundo exterior y de sus objetos de amor, al tiempo que se opera un repliegue de la libido sobre su yo. Para ilustrarlo, Freud cita una frase sumamente elocuente de W. Busch, a propósito del dolor de muelas del poeta: "Concentrándose está su alma en el estrecho hoyo de su molar." Cuando se realiza semejante sobreinvestimiento narcisista sobre "la representación psíquica del lugar doloroso [del cuerpo]",[12] la libido deja de circular. Y Freud demuestra que en este caso resulta imposible diferenciar la libido del interés del yo.

La modificación de la libido se muestra en un todo semejante en el caso de la hipocondría, en donde efectivamente no es determinante que la enfermedad sea real o imaginaria. El hipocondríaco inviste una zona de su cuerpo que adquiere el valor de órgano sexual en estado de excitación; puesto que la erogeneidad es una propiedad general de todos los órganos, cualquier parte del cuerpo

11 Freud, S.: *Introducción al narcisismo, op. cit.*, pág. 2018.

12 Esta formulación aparece en 1925, en *Inhibición, síntoma y angustia*, Madrid, Biblioteca Nueva, 1973, *Obras completas*, t. III, pág. 2882.

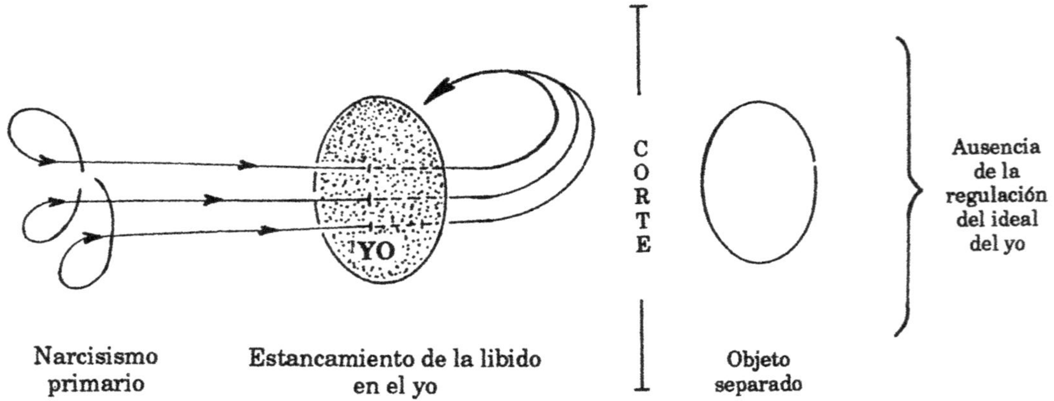

Figura 4

Movimiento de la libido en el narcisismo de la psicosis

puede ser investida como un órgano genital dolorosamente sensible. Y también en este caso la libido deja de circular. Freud describe así dos configuraciones en las cuales el narcisismo se encuentra de alguna manera cristalizado; sin que el corte con el objeto sea total, ambas instalan un "repliegue narcisista" que detiene el movimiento del deseo.

Habiendo trazado de este modo las grandes líneas que se deducen de los textos freudianos, vamos a ver ahora cómo retoma y prosigue Lacan la elaboración del concepto de narcisismo.

El concepto de narcisismo en Lacan

Primer período (1932 - 1953)

Los primeros textos de Jacques Lacan abordan la cuestión del narcisismo a partir del estudio de la paranoia. En 1932, con ocasión de su investigación sobre el caso Aimée, se apoya en la noción freudiana de "elección de objeto narcisista", como así también en un artículo de 1922, en el cual Freud se dedica al análisis de los mecanismos neuróticos de los celos, la paranoia y la homosexualidad.

Recordemos que Aimée, después de haber intentado asesinar a una actriz célebre, fue internada en el hospital Sainte-Anne. En ese momento la conoce Lacan. De la observación surge que en el caso de Aimée la libido había quedado fijada a la imagen de su hermana: sólo se ve a sí misma en la imagen de su hermana. Y este objeto adorado se presenta simultáneamente como un objeto invasor y persecutorio: existe en Aimée un amor apasionado por la imagen del perseguidor, que se acompaña de una verdadera negación de sí misma.

Para Lacan, la hostilidad de Aimée hacia su hermana fue desplazada a otras mujeres, y la tentativa de asesinato de la actriz corresponde a una reacción defensiva contra la intrusión invasora del objeto adorado. Semejante reacción se vuelve inteligible al observar que para todo sujeto narcisismo y agresividad son correlativos y contemporáneos en el momento de la formación del yo. En efecto, puesto que el yo se forma a partir de la imagen del otro, se produce una tensión cuando el sujeto ve su propio cuerpo en la imagen del otro: percibe su propia perfección realizada en el otro, y sin embargo este último sigue siendo exterior.

En el caso de Aimée, que había quedado cristalizada y cautivada en la imagen de su hermana, se había vuelto imprescindible suprimir esta imagen para que la tensión cesara y la libido retornara al yo. En efecto, la referencia al ideal del yo parece estar ausente en Aimée; nada viene a regular y mediatizar su relación imaginaria con el otro.

Por lo tanto, fue el estudio de la paranoia lo que llevó a Lacan a esclarecer y profundizar los procesos fundamentales de la formación del yo. La prosecución de estas investigaciones lo conducirá, en 1936, a la teoría del "estadio del espejo" el cual, entonces, representa el nacimiento mismo del yo. Presentaremos sus características en forma resumida.

El yo está ligado a la imagen del propio cuerpo. El niño ve su imagen total reflejada en el espejo, pero hay una discordancia entre esta visión global de la forma de su cuerpo, que precipita la formación del yo, y el estado de dependencia y de impotencia motriz en que se encuentra en realidad. En este momento, Lacan pone el acento en la prematuración, en la condición de impotencia del niño, que sería la razón de una tal alienación imaginaria en el espejo. Muestra cómo el niño anticipa, a través de esta experiencia, el dominio de su cuerpo: mientras que hasta ese instante se experimentaba como cuerpo fragmentado, ahora se encuentra cautivado, fascinado por esta imagen del espejo y siente júbilo. Pero ésta es una imagen ideal de sí mismo que nunca podrá alcanzar. El niño se identifica con esta imagen y se coagula entonces en una "estatura". Se toma por la imagen y concluye "la imagen soy yo", aunque esta imagen se sitúe afuera, sea exterior a él. A esto Lacan lo denomina identificación primordial con una imagen ideal de sí mismo.

Anteriormente hablamos de la formación del yo en referencia a la imagen del semejante; decíamos que el yo se forma por la imagen del otro. En realidad, el otro representa también un espejo:

a– En un primer momento, el niño rivaliza con su propia imagen en el espejo. Pero finalmente es la única vez, fugitiva, que ve verdaderamente su imagen total.

b– Esta identificación prepara la identificación con el semejante, en el curso de la cual el niño va a rivalizar con la imagen del otro. Aquí, es el otro quien posee su imagen, el cuerpo del otro es su imagen.

La imagen en el espejo y la imagen en el semejante ocupan el mismo lugar en el esquema, bajo la forma de un "yo ideal" *(figura 5)*

A lo largo de este período, que va de 1932 a 1953, Lacan elabora su teoría del narcisismo a través de sus investigaciones sobre la paranoia, la formación del yo y la agresividad. Finalmente formula varias proposiciones novedosas:

a– El yo queda reducido al narcisismo: en ningún caso es asimilable a un sujeto del conocimiento en el marco del sistema "percepción – conciencia". El yo no es más que esta captación imaginaria que caracteriza al narcisismo.

b– El estadio del espejo está ubicado en el nacimiento mismo del yo.*

c– Narcisismo y agresividad se constituyen en un único tiempo, que sería el de la formación del yo en la

* A fin de diferenciar los términos franceses *moi* (pronombre personal de la primera persona singular; corresponde al "yo" de la segunda tópica freudiana) y *je* (también pronombre personal de la primera persona singular, pero que sólo puede cumplir en la frase la función de sujeto, corresponde al sujeto del inconsciente de la teoría lacaniana) se seguirá el siguiente criterio: *moi* = yo; *je* = yo *(je); moi–je* = yo *(moi–je)*. En los casos en que puedan prestarse a confusión se indicará también entre corchetes yo *(moi)*; [T.]

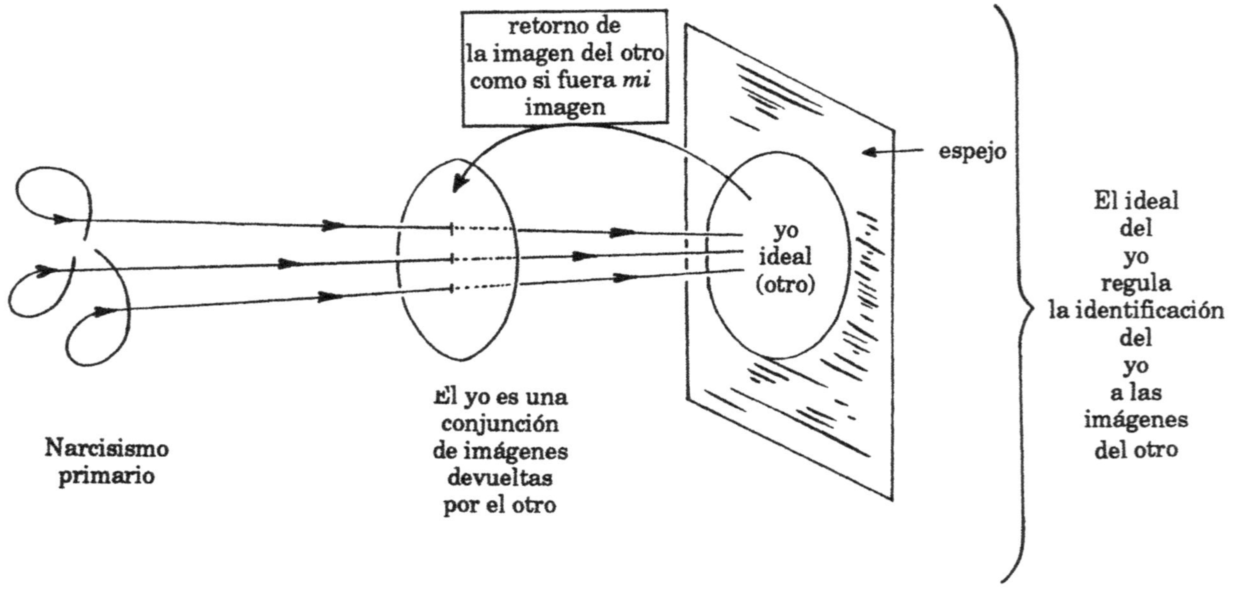

Figura 5

Formación del yo a través de las imágenes del otro
El movimiento de la libido
sigue el movimiento del retorno de
la imagen del otro como si fuera *mi* imagen

imagen del otro. En cuanto a Freud, en su artículo de 1922,[13] los situaba en dos tiempos diferentes: primero agresividad, luego conversión en amor por medio de la elección de objeto narcisista.

d– Para finalizar, a partir del estudio de la paranoia, Lacan retiene un aspecto esencial que considera como un rasgo universal: el yo tiene una estructura paranoica, es un lugar de desconocimiento; es decir que yo no reconozco lo que está en mí, lo veo fuera en el otro (como lo muestra de modo notorio el análisis de la proyección en los celos).

Segundo período (1953 - 1958)

A lo largo de este período Lacan va a insistir en la primacía de lo simbólico.

Imagen y deseo

A lo largo del *Seminario I* sobre *Los escritos técnicos de Freud*, Lacan prosigue una reflexión sobre la cuestión de la relación con el semejante.

Dada la identificación narcisista con el otro, el niño se encuentra fascinado, capturado por la imagen del otro que encarna una posición de dominio. Supongamos que vea a su hermanito mamando del seno de la madre: es en esta imagen del otro, entonces, donde el niño se va a reconocer, donde va a percibir su propio deseo. Es porque se identifica con este otro que su deseo aparece como el deseo del otro. Y ante todo quiere estar en el lugar del otro. Para Lacan, el hombre se experimenta como cuerpo, como forma del cuerpo, en un movimiento bascular, de intercambio con el otro. Ya que en el sujeto humano el primer

[13] Freud, S.: *Sobre algunos mecanismos neuróticos en los celos, la paranoia y la homosexualidad*, Madrid, Biblioteca Nueva, 1973, *Obras completas*, t. III.

impulso del apetito y del deseo pasa por la mediación de una forma que ve proyectada, exterior a él, en su propio reflejo primero, luego en el otro. Es el deseo originario, confuso, que se expresa en el vagido del niño, el que éste aprende luego a reconocer invertido en el otro.

Así, la imagen narcisista constituye una de las condiciones de la aparición del deseo y de su reconocimiento. La imagen del cuerpo "es el anillo, el gollete, por el cual el haz confuso del deseo y las necesidades habrá de pasar...".[14]

La mediación del ideal del yo

Volvamos a la relación dual con el semejante: decíamos que el niño está capturado por la imagen del otro y que percibe su deseo en el otro. Al mismo tiempo se establece una tensión: habría que destruir a este otro que es él mismo, destruir a aquel que representa el asiento de la alienación. Ve su perfección y su deseo realizados en el otro, a tal punto que en la plenitud de esta pura lógica especular llega al deseo de la muerte del otro. En efecto, semejante relación dual se torna inhabitable, no existe salida satisfactoria en esta relación entre un yo y un yo ideal, ya que no hay subjetivación: el sujeto no se reconoce allí (en el yo ideal) porque allí se encuentra tan sólo captado. De hecho, es el ideal del yo —simbólico— el que podrá regular las relaciones entre yo y yo ideal.

Como ya lo hemos visto, el ideal del yo corresponde a un conjunto de rasgos simbólicos implicados por el lenguaje, la sociedad, las leyes. Estos rasgos son introyectados y mediatizan la relación dual imaginaria: el sujeto encuentra un lugar en un punto —el ideal del yo— desde donde se ve como susceptible de ser amado, en la medida en que satisface determinadas exigencias. Lo simbólico

[14] Lacan, J.: *El Seminario*, libro I, *Los escritos técnicos de Freud*, Barcelona, Paidós, 1981, pág. 262.

llega a prevalecer sobre lo imaginario, el ideal del yo sobre el yo. De esta manera, lo simbólico se superpone a lo imaginario y lo organiza. En 1954 Lacan dirá que es el ideal del yo, simbólico, el que sostiene al narcisismo. El ideal del yo representa una introyección simbólica (por oposición al yo ideal, asimilado a una proyección imaginaria) que se construye con el significante del padre como tercero en la relación dual con la madre.

Narcisismo e inscripción de los significantes

Recapitulemos:

– el yo tiene su origen en el espejo;

– el otro es un espejo;

– lo que sostiene el narcisismo es el orden del lenguaje, orden simbólico, al organizar una mediación entre el yo y el semejante.

Finalmente, ¿para qué sirven las imágenes? El mundo simbólico preexiste al sujeto, ya está allí; no obstante los símbolos, para revelarse, deben pasar por el soporte corporal. Lo que sucede en el nivel simbólico le sucede a seres vivos. Para que se produzca una inserción de la realidad simbólica (el lenguaje, la ley...) en la realidad del sujeto son indispensables el yo y la relación imaginaria con el otro.

En 1955, en el *Seminario II* sobre el yo, Lacan retoma la cuestión del narcisismo: para que se establezca una relación con el objeto del deseo, es preciso que haya relación narcisista del yo con el otro. El narcisismo representa la condición necesaria para que los deseos de los otros se inscriban, o para que los significantes se inscriban. La siguiente sería, entre otras, una definición posible del significante: un elemento de una cadena lingüística donde se inscribe el deseo del otro. Y la imagen del cuerpo proporciona el marco de las inscripciones significantes del deseo del otro. La imagen del cuerpo representa el primer lugar de captación de los significantes, y sobre todo de los significantes de la madre. La forma en que éstos se inscriben, y en particular la sucesión de las identificaciones, determina los modos según los cuales se darán las fluctuaciones de la libido.

De hecho, la imagen del otro aparece ahora como fragmentaria: lo que el sujeto inviste son series de imágenes, un conjunto de rasgos.

Existe para cada sujeto una serie de significantes privilegiados, una serie de elementos donde se inscribe el deseo del otro, y estos significantes van a revelársele en la relación imaginaria con el semejante. Van a entrar en vigor, tomar consistencia, en la relación narcisista con el otro. Ilustraremos estas proporciones recurriendo a una secuencia clínica presentada por Hélène Deutsch en 1930, y comentada por Lacan el 7 de mayo de 1969, durante su seminario titulado *D'un autre à l'Autre.* Se trata de la historia de una fobia infantil relatada por un hombre de veinte años. A los siete años se hallaba jugando con su hermano mayor en el patio de la granja en donde había sido criado. Estaba en cuclillas cuando bruscamente su hermano mayor saltó sobre él desde atrás, lo inmovilizó en esa posición y dijo: "¡Yo soy gallo y tú eres gallina!". El niñito se negaba a ser la gallina, lloraba de rabia. A partir de ese momento el niño le tuvo fobia a las gallinas. Este episodio con el hermano actuó como un revelador: le hizo saber al sujeto lo que era hasta el momento, sin saberlo, en su relación con la madre. En efecto, desde hacía mucho tiempo el niño se ocupaba con su madre del gallinero, e iban a ver juntos si las gallinas ponían correctamente. Al pequeño le gustaba la forma en que la madre lo tocaba, y antes de que ésta lo lavara le preguntaba jugando si lo tocaría con el dedo para ver si iba a poner un huevo. El niño se encontraba en lugar de gallina para la madre, estaba en posición de colmar la falta de la madre al encarnar su "gallina" y al poder proveerla de los huevos fecales. Así, estaba consagrado al goce de la madre, sin ver aparecer la cuestión de su deseo y de su falta.

Esta secuencia muestra con claridad que es en la relación narcisista con el semejante, a través de la imagen devuelta por el semejante, como se revela al sujeto el significante "gallina". En la relación imaginaria con el otro le es revelado lo que él era hacía tiempo sin saberlo.

Tercer período (a partir de 1960)

Durante este período Lacan se dedica en particular a la cuestión de lo real; en lo concerniente al narcisimo aborda principalmente las relaciones de la imagen y de la pulsión (principalmente en los seminarios sobre la Transferencia, la Identificación, los Cuatro conceptos fundamentales del psicoanálisis, y luego en "Subversión del sujeto y dialéctica del deseo"). En las consideraciones que siguen tomaremos como principal punto de apoyo el Seminario de J. D. Nasio de los años 1985 y 1986, *La douleir inconsciente* y *Le regard en psychanalyse.*

Lacan retoma la dialéctica del estadio del espejo y observa que la visión de la imagen en el otro no basta, por sí sola, para constituir la imagen del propio cuerpo; de lo contrario ¡el ciego carecería de yo! Lo importante para que la imagen se consolide es la existencia de un agujero en dicha imagen: puedo ver mi imagen en el espejo, pero lo que no puedo ver es mi propia mirada. Correlativamente, la imagen que el otro me devuelve no es completa, está agujereada ya que también el otro es un ser pulsional.

Consideremos estos elementos en relación con la fase del espejo. Cuando el niño ve su propia imagen, se vuelve hacia la madre; hay aquí dos aspectos fundamentales:

– por una parte, espera de ella un signo, un asentimiento, un "sí"; apela a la madre en su dimensión simbólica, aquella que nombra, que aúna en la nominación;

– por otra parte, ve que la madre lo mira: percibe la mirada, el deseo de la madre; se ve confrontado entonces a la madre pulsional, la que es faltante y por lo tanto deseante.

Puesto que el otro es pulsional, subsiste un agujero en su perfección, un blanco o una mancha en su imagen. Por lo tanto existe libido que no está recubierta por la imagen, resta una parte sexual que agujerea la imagen. Ese agujero en la imagen es lo que Lacan denomina — φ (falo imaginario). Ante este agujero surge la angustia.

Por lo tanto, la imagen contiene siempre una parte real, es decir, una parte de lo sexual que ella no recubre. Y sobre este agujero vienen a ubicarse los objetos pulsionales, sobre este agujero en la imagen viene a alojarse el objeto *a*, causa del deseo.

Retomemos el esquema *(figura 6):*

El objeto de la pulsión jamás se presenta desnudo, tiene que estar velado por imágenes. La relación del sujeto con la pulsión jamás aparece sin que existan imágenes devueltas por el semejante. Finalmente, el narcisismo viene a dar su vestidura al objeto pulsional, lo envuelve —Lacan escribe esto así: *i (a)*. En el esquema ubicamos la letra *a* en el agujero de la imagen, y a *i (a)* envolviéndola. Por lo tanto el yo, el narcisismo, está compuesto por un conjunto de imágenes investidas que circulan en derredor de una falta; se trata de un montaje en torno a un agujero. Este agujero real representa la causa del montaje del narcisismo, y las imágenes investidas permiten soportar a esta abertura.

Pero es preciso observar desde un comienzo que este agujero real está redoblado por otro agujero, inherente al mundo simbólico. Hay una relación de redoblamiento entre dos faltas. El Otro, a el gran Otro del lenguaje, tesoro de los significantes, se muestra igualmente agujereado: el Otro es incapaz de dar al niño un significante adecuado, un significante que lo satisfaga. Ejemplifiquémoslo: la madre puede decir "eres lindo", "eres mi niñito", etcétera, pero sigue siendo imposible de decir un significante que por sí mismo lo signifique todo entero en su ser. Desde un comienzo aparece una falta en el campo del lenguaje, causando el relanzamiento de la palabra y del deseo cuando éste se superpone al agujero pulsional.

Volvamos ahora al yo: lo que de aquí en más aparece como su característica esencial, es que se presenta "agujereado". Por otra parte, mi propia imagen y la imagen del otro aparecen, sin duda, como una sola y misma instancia: el yo, en tanto conjunción de imágenes.

Narcisismo y transferencia

Freud designaba el repliegue narcisista como una *impasse*. y observaba, a propósito del amor de transferencia, que la fijación amorosa del paciente con la persona del analista hacía muy difícil el trabajo analítico. En efecto, en ese caso la libido se enquista en una formación en la cual el objeto es tratado como el yo.

No obstante, el impulso de la libido hacia el analista representa un movimiento esencial para la transferencia; es preciso que subsistan en el paciente las "fuerzas que han de impulsarle hacia la labor analítica y hacia la modificación de su estado".[15] Dicho de otra manera, el amor, que siempre incluye una parte de narcisismo, constituye un movimiento necesario para la instauración de la transferencia, a condición de no cristalizar una relación de "masa de dos".[16] Las imágenes investidas narcisísticamente no deben detener el movimiento de la libido, sino tan sólo canalizarlo.

En cuanto a Lacan, su posición va evolucionando a través de los tres períodos que fueron presentados:

– En 1936, cuando Lacan trabaja la cuestión del narcisismo a partir del estadio del espejo, en su concepción de la transferencia el yo del analista ocupa, precisamente, el lugar de un espejo. Y sobre este espejo, sobre esta pantalla virgen, el paciente debe reconstituir su propia imagen a medida que va formulando aquello de lo que sufre.[17] En efecto, el paciente ignora todo acerca de los

[15] Freud, S.: *Observaciones sobre el amor de transferencia*, Madrid, Biblioteca Nueva, 1973, *Obras completas*, t. II, pág. 1692.

[16] Es decir, la instalación del objeto en el lugar del ideal del yo como en la hipnosis.

[17] Lacan, J.: "Más allá del 'principio de realidad' " en *Escritos*, Buenos Aires, Siglo XXI, 1975, págs. 77-78.

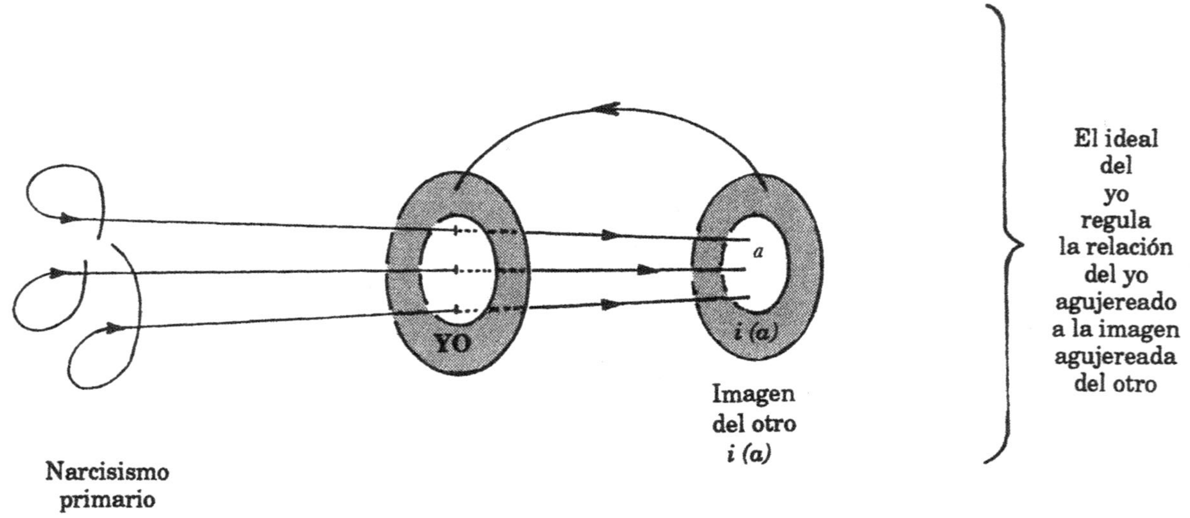

Figura 6

Movimiento de ida y vuelta entre la imagen del yo agujereado y la imagen del otro agujereado

elementos de la imagen que lo hace actuar y que determina su síntoma; es por esto que el analista le comunica "el destino de esta imagen".

– A partir de 1953, momento en que se plantea la primacía de lo simbólico, Lacan va a darse cuenta de que semejante procedimiento descansa sobre un dominio narcisista ilusorio. Ahora el yo aparece como un puro lugar de desconocimiento y de alienación: constituye un conjunto de certidumbres y de creencias con las cuales el individuo se ciega. En consecuencia, el yo del analista debe ausentarse totalmente a fin de dar lugar a los efectos del lenguaje. Y aquello que el analista comunica pasa a ser menos importante que "el lugar desde donde responde",[18] es decir, desde el lugar del Otro, lugar del lenguaje.

– Finalmente, a partir de 1964, nuevamente aparece la necesidad de apoyarse en las imágenes para que el deseo circule. Al mismo tiempo, la presencia corporal del analista vuelve a ser un lugar de anclaje necesario. Pero el yo del analista, aunque presente, ya no se ofrece como una superficie lisa, está agujereado: el analizante se concentra en las imágenes, se aferra a *i (a)*, y progresivamente ve el objeto *a*, el objeto de su deseo, desprenderse de ellas. A fin de que los movimientos pulsionales dejen de coagularse en las imágenes, y a fin de que se profundice la brecha entre las imágenes y los objetos de deseo, el yo del analista se presenta bajo la forma de una "canal" agujereado.

He aquí, entonces, presentadas en pocas líneas, las modificaciones que la teoría del narcisismo pudo aportar a la concepción de la transferencia. Y cabe observar que Lacan parece más próximo a la teoría freudiana en su última formulación sobre la relación entre el narcisismo y la transferencia.

Podemos pensar que la evolución de la teoría de La-

[18] Lacan, J.: "Variaantes de la cura-tipo" en *Escritos, op. cit.*, pág. 334.

can respecto al lugar del yo en la cura evoca parcialmente la propia trayectoria del yo a lo largo de la cura.

El psicoanálisis no le resta importancia al yo: apunta, entre otros fines, a la fragmentación de una imagen o de una postura que, en un primer tiempo, se ofrece en un espejismo de perfección. Mediante la puesta en juego de las aberturas pulsionales y de los agujeros del discurso, se produce una subversión de la superficie yoica que se convierte en un canal laminado de imágenes. El yo, abismado por el lenguaje en los círculos de la demanda y del deseo, se fragmenta en pedazos. Pero no se trata de pedazos desordenados, están amarrados al movimiento de relanzamiento del deseo: el proceso analítico trae aparejada una puesta en órbita de las imágenes en torno a los objetos causa del deseo.

Fragmentos de las obras de S. Freud y de J. Lacan sobre el narcisismo

Selección bibliográfica sobre el narcisismo

Fragmentos de las obras de S. Freud y de J. Lacan sobre el narcisismo

Freud

El narcisismo primario es un presupuesto teórico necesario

El narcisismo primario del niño por nosotros supuesto, que contiene una de las premisas de nuestras teorías de la libido, es más difícil de aprehender por medio de la observación directa que de comprobar por deducción desde otros puntos (1914).[1]

*

El narcisismo primario es el estado del yo que contiene toda la libido disponible

Cuanto sabemos [de la libido] se refiere al yo, en el que está originalmente acumulada toda la reserva disponible de libido. A este estado lo denominamos *narcisismo* absoluto o primario (...) Durante toda la vida el yo sigue siendo el gran reservorio del cual emanan las catexias libidinales hacia los objetos y al que se retraen nuevamente, como una masa protoplástica maneja sus seudópodos (1938).[2]

*

El narcisismo del niño se construye a partir de la reviviscencia del narcisismo de los padres

Considerando la actitud de los padres cariñosos con respecto a sus hijos, hemos de ver en ella una reviviscencia y una reproducción del propio narcisismo, abandonado mucho tiempo ha (1914).[3]

*

El narcisismo secundario es un estadio situado entre el autoerotismo y el vínculo con el objeto

Al principio diostinguimos tan sólo la fase del autoerotismo (...) y luego, la síntesis de todos los instintos parciales, para la elección de objeto (...) El análisis de las parafrenias nos obligó, como es sabido, a interpolar entre aquellos elementos un estadio de narcisismo, en el cual ha sido ya efectuada la elección del objeto, pero el objeto coincide todavía con el propio yo (1913).[4]

*

El narcicismo secundario se construye por el retorno de la libido retirada a los objetos

... nos lleva a considerar el narcisismo engendrado por el arrastrar a sí objetales, como un narcisismo secundario, superimpuestas a un narcisismo primario encubierto por diversas influencias (1914).[5]

*

En el estadio del narcisismo, la libido inviste al yo como a un objeto sexual

Deduciremos, pues, que en la paranoia la libido libertada es acumulada al yo, siendo utilizada para engrandecerlo. Con ello queda alcanzado nuevamente el estadio del narcisismo que nos es ya conocido por el estudio de la evolución de la libido y en el cual era el propio yo el único objeto sexual (1911).[6]

*

Cuando el yo toma los rasgos del objeto, se ofrece, por decirlo así, como tal al ello e intenta compensarle la pérdida experimentada, diciéndole: "Puedes amarme, pues soy parecido al objeto perdido." (1923).[7]

*
* *

Lacan

El yo se origina en la alienación pasional a una imagen

Esta relación erótica en que el individuo humano se fija en una imagen que lo enajena a sí mismo, tal es la energía y tal es la forma en donde toma su origen esa organización pasional a la que llamará su *yo*.[8]

*

El yo se fija con odio a la imagen narcisista devuelta por el otro

En efecto, en toda relación narcisista el yo es el otro, y el otro es yo.[9]

*

... lo que el sujeto encuentra en esa imagen alterada de su cuerpo es el paradigma de todas las formas del parecido que van a aplicar sobre el mundo de los objetos un tinte de hostilidad proyectando en él el avatar de la imagen narcisista, que, por el efecto jubilatorio de su encuentro en el espejo, se convierte, en el enfrentamiento con el semejante, en el desahogo de las más íntima agresividad.

Es esta imagen, yo ideal, la que se fija desde el punto en que el sujeto se detiene como ideal del yo.[10]

*

El niño accede al orden simbólico a través del orden imaginario

... los deseos del niño pasan primero por el otro especular. Allí es donde son aprobados o rechazados. Esta es la vía por donde el niño aprende el orden simbólico y accede a su fundamento: la ley.[11]

*

El sujeto localiza y reconoce originariamente el deseo por intermedio no sólo de su propia imagen, sino del cuerpo de su semejante.[12]

*

La imagen narcisista recubre el objeto del deseo

Sólo con la vestimenta de la imagen de sí que viene a envolver al objeto causa del deseo, suele sostenerse —es la articulación misma del análisis— la relación objetal.[13]

*

* *

Referencias de los fragmentos citados

[1] *Introducción al narcisismo,* Madrid, Biblioteca Nueva, 1973, *Obras completas,* tomo II, pág. 2027.
[2] *Compendio del psicoanálisis,* Madrid, Biblioteca Nueva, 1973, *Obras completas,* tomo III, pág. 3383.
[3] *Introducción al narcisismo, op. cit.,* pág. 2027.
[4] *La disposición a la neurosis obsesiva. Una aportación al problema de la elección de la neurosis,* Madrid, Biblioteca Nueva, 1973, *Obras completas,* tomo II, pág. 1740.
[5] *Introducción al narcisismo, op. cit.,* pág. 2018.
[6] *Observaciones psicoanalíticas sobre un caso de paranoia autobiográficamente descrito. (Caso "Schreber"),* Madrid, Biblioteca Nueva, 1973, *Obras completas,* tomo II, pág. 1523.
[7] *El yo y el ello,* Madrid, Biblioteca Nueva, 1973, *Obras completas,* tomo III, pág. 2711.
[8] "La agresividad en psicoanálisis" en *Escritos,* Buenos Aires, Siglo XXI, 1975, tomo I, pág. 106.
[9] *El Seminario,* libro II, *El yo en la teoría de Freud y en la técnica psicoanalítica,* Barcelona, Paidós, 1983, pág. 149.
[10] "Subversión del sujeto y dialéctica del deseo", en *Escritos,* Argentina, Siglo XXI, 1975, tomo II, pág. 788.
[11] *El seminario,* libro I, *Los escritos técnicos de Freud,* Barcelona, Paidós, 1981, pág. 265.
[11] *Ibíd.,* pág. 223.
[12] *El Seminario,* libro XX, *Aún,* Barcelona, Paidós, 1981, pág. 112.

Selección bibliográfica sobre el narcisismo

FREUD, S.

1905 *Trois essais sur la théorie de la sexualité,* Gallimard, 1962, págs. 126-127, y nota 13 de 1910, págs. 167-169. [Hay versión en castellano: *Tres ensayos para una teoría sexual,* Madrid, Biblioteca Nueva, 1973, *Obras completas,* tomo II.]

1911 "Remarques psychanalytiques sur l'autobiographie d'un cas de paranoïa. (Le président Schreber)" en *Cinq Psychanalyses,* P.U.F., 1954, págs. 306-307, 316. [Hay versión en castellano: *Observaciones psicoanalíticas sobre un caso de paranoia autobiográficamente descrito (caso "Schreber"),* Madrid, Biblioteca Nueva, 1973, *Obras completas,* tomo II.]

1913 "La disposition à la névrose obsessionnelle", en *Nevrose, Psychose et Perversion,* P.U.F., 1973, pág. 192-193 [Hay versión en castellano: *La disposición a la neurosis obsesiva,* Madrid, Biblioteca Nueva, 1973, *Obras completas,* tomo II.]

1914 "Pour introduire le narcissisme", en *La vie sexuelle,* P.U.F., 1969, pág. 81-105. [Hay versión en castellano: *Introducción al narcisismo,* Madrid, Biblioteca Nueva, 1973, *Obras completas,* tomo II.]

1915 "Pulsions et destins del pulsions", en *Œvres complètes,* vol. XIII, P.U.F., 1988, págs. 176-180, 183. [Hay versión en castellano: *Los instintos y sus destinos,* Madrid, Biblioteca Nueva, 1973, *Obras completas,* tomo II.]

1916 "Deuil et mélancolie" en *Œuvres complètes,* vol XIII, *op. cit.,* págs. 259-278. [Hay versión en castellano:

Duelo y melancolía, Madrid, Biblioteca Nueva, 1973, *Obras completas,* tomo II.]

1917 *Introduction à la psychanalyse,* Payot, 1981, pág. 392-407. [Hay versión en castellano: *Lecciones introductorias al psicoanálisis,* Madrid, Biblioteca Nueva, 1973, *Obras completas,* tomo II.]

1920 "Au-delà du principe de plaisir", en *Essais de psychanalyse,* Payot, 1981, pág. 97-102. [Hay versión en castellano, *Más allá del principio del placer,* Madrid, Biblioteca Nueva, 1973, *Obras completas,* tomo III.]

1921 "Psychologie des foules et analyse du moi", en *Essais de psychanalyse, op. cit.,* págs. 227-228, 230, 238, 242, 253, 258-260, 262. [Hay versión en castellano: *Psicología de las masas y análisis del "yo",* Madrid, Biblioteca Nueva, 1973, *Obras completas,* tomo III.]

LACAN, J.

"Le cas Aimée ou la paranoïa d'autopunition", en *De la psychose paranoiaque dans ses rapports avec la personnalité,* Seuil, 1975, págs. 153-245. [Hay versión en castellano: "El caso Aimée o la paranoia de autocastigo" en *De la psicosis paranoica en sus relaciones con la personalidad,* México, Siglo XXI, 1976.]

Le Séminaire, livre I, *Les Ecrits techniques de Freud,* Seuil, 1975, cap. VII-XV. [Hay versión en castellano: *El Seminario 1. Los escritos técnicos de Freud,* Barcelona, Paidós, 1981.]

Le Séminaire, livre II, *Le Moi dans la théorie de Freud er dans la technique de la psichanalyse,* Seuil, 1978, caps. IV, V, VI, VIII, XIX. [Hay versión en castellano: *El Seminario 2, El yo en la teoría de Freud y en la técnica psicoanalítica,* Barcelona, Paidós, 1983.]

L'Identification (seminario inédito) lección del 28 de noviembre de 1962.

Ecrits, Seuil, 1966, págs. 65-72, 83-85, 93-100, 110-120, 804-827. [Hay versión en castellano: *Escritos I* y *Escritos II,* México, Siglo XXI, 1970 y 1978 respectivamente.]

D'un autre à l'Autre (seminario inédito), lección del 7 de mayo de 1969.

Les non-dupes errent (seminario inédito), lección del 17 de diciembre de 1974.

R.S.I. (seminario inédito), lección del 16 de noviembre de 1976.

*
* *

DOLTO, F., y NASIO, J.-D., *L'Enfant du miroir,* Rivages, 1987, págs. 42-47 [Hay versión en castellano: *El niño del espejo,* Buenos Aires, Gedisa.]

FEFERN, P. *La psychologie du moi et les psychoses,* P.U.F., 1928, págs. 297-310.

KERNBERG, F., "A propos du traitement des personalités narcissiques" en *Dix Ans de psychanalyse en Amérique,* P.U.F., 1981, págs. 149-177.

KOHUT, H., "Formes et transformations du narcissisme", en *Dix Ans... op. cit.,* págs. 117-145.

LAPLANCHE, J., "Le moi et le narcissisme" en *Vie et mort en psychanalyse,* Flammarion, 1970, págs. 105-132.

MONTRELAY, M., "A propos du narcissisme et de sa mise en scène" en *L'Ombre et le Nom,* Minuit, 1977, págs. 43-54.

NASIO, J.–D., *Les Yeux de Laure. Le concept d'objet* a *dans la théorie de J. Lacan,* Aubier, 1987, págs. 91-100.

—, *La douleur inconsciente* (seminario inédito), 1985.

—, *Le regard en psychanalyse* (seminario inédito), 1986.

PERRIER, F., "Narcissisme", en *La Chaussée d'Antin,* Bourgois, 1978, tomo II, págs. 99-115.

ROSOLATO, G., "Le narcissisme", en *Nouvelle Revue de psychanalyse, Narcisses,* Nº 13, 1976, págs. 7-37.

SOFOUAN, M., "L'amour comme pulsion de mort", en *L'Echec du principe de plaisir,* Seuil, 1979, págs. 66-93.

WINNICOTT, D. W., "Le rôle de miroir de la mère et de la famille dans le developpement de l'enfant", en *Jeu et Réalité,* Gallimard, 1971, págs. 153-162. [Hay versión en castellano: *Realidad y juego.*]

4

El concepto de SUBLIMACION

El concepto de sublimación

A menudo los psicoanalistas consideraron la sublimación como una noción alejada de su práctica clínica, mal articulada en el seno de la teoría y dotada de un sentido cuya connotación era demasiado general, estética, moral o intelectual. En efecto, la utilización abusiva del término sublimación en el ámbito siempre ambiguo del psicoanálisis aplicado, sumada al hecho de que Freud nunca terminó de elucidar verdaderamente dicho concepto, explican que éste haya sido relegado por diversos autores al rango de una entidad teórica secundaria. Nuestra posición es diferente. Creemos, por el contrario, que el concepto de sublimación, si bien está en el límite del psicoanálisis, constituye sin embargo un concepto crucial y que sigue siendo una herramienta teórica fundamental para guiar al psicoanálisis en la dirección de la cura. Crucial, porque está situado en el cruce de distintas elaboraciones conceptuales tales como la teoría metapsicológica de la pulsión, la teoría dinámica de los mecanismos de defensa del yo y, en especial, la teoría lacaniana de la Cosa. Pero es también una herramienta clínica fundamental ya que aun cuando este concepto no es reconocible de inmediato en un análisis, su lugar en la escucha del clínico es importante para reconocer y puntuar determinadas variaciones del movimiento de la cura.

Ahora bien, más allá de esta doble importancia conceptual y técnica, la noción de sublimación es necesaria para la coherencia de la teoría freudiana, necesariedad que puede expresarse en la siguiente pregunta: ¿cuál es la razón de existir del concepto de sublimación? ¿Cuál es su encrucijada teórica? ¿Qué problema en particular viene a solucionar? Respondemos que la sublimación es la única noción psicoanalítica susceptible de explicar el que obras creadas por el hombre —realizaciones artísticas, científicas e incluso deportivas— alejadas de toda referencia a la vida sexual, sean producidas, no obstante, gracias a una fuerza sexual tomada de una fuente sexual. Por lo tanto, las raíces y la savia del proceso de sublimación son pulsionalmente sexuales (pregenitales: orales, anales, fálicas) mientras que el producto de dicho proceso es una realización no sexual conforme a los ideales más acabados de una época dada. En consecuencia, ya desde ahora podemos afirmar que el concepto de sublimación responde fundamentalmente a la necesidad de la teoría psicoanalítica de dar cuenta del origen sexual del impulso creador del hombre.

*
* *

Acabamos de plantear la sublimación como el medio de transformar y de elevar la energía de las fuerzas sexuales, convirtiéndolas en una fuerza positiva y creadora. Pero también debemos concebirla a la inversa, como el medio de atemperar y de atenuar la excesiva intensidad de esas fuerzas. Es en este sentido que Freud, desde los inicios de su obra, considera la sublimación como una de las defensas del yo contra la irrupción violenta de lo sexual o, como lo escribiría veinte años más tarde, como uno de los modos de defensa que se oponen a la descarga directa y total de la pulsión. Por lo tanto el concepto de sublimación puede ser considerado según dos puntos de vista complementarios que aúnan los diferentes enfoques freudianos: la sublimación es o bien la expresión positiva más elaborada y socializada de la pulsión, o bien un medio de defensa susceptible de atemperar los excesos y los desbordamientos de la vida pulsional.

Abordaremos los siguientes temas considerando estos dos puntos de vista de manera concomitante:

—La sublimación como contrapartida del resurgimiento de un recuerdo sexual intolerable.

—La sublimación como contrapartida del estado pasional en la relación analítica.

—La sublimación como contrapartida de la fuerza desmesurada de la moción pulsional. Definición de una pulsión sublimada.

—La sublimación como la capacidad plástica de la pulsión.

—Un ejemplo de sublimación: la curiosidad sexual sublimada en deseo de saber.

—Las dos condiciones del proceso de sublimación: el yo y el ideal del yo del creador.

—Presentaremos luego el enfoque lacaniano del concepto de sublimación mediante el comentario de la fórmula: "la sublimación eleva el objeto a la dignidad de la Cosa."

—En conclusión, resumiremos los rasgos principales de una pulsión sublimada, así como los rasgos específicos de una obra creada por sublimación.

*

* *

La sublimación es una defensa contra el recuerdo sexual intolerabele

En 1897, en las cartas a Fliess,[1] Freud se pregunta por la estructura de la histeria y descubre que la causa de esta patología es la voluntad inconsciente del enfermo de olvidar una escena de seducción paterna de carácter se-

[1] Freud, S., *Los orígenes del psicoanálisis*, Madrid, Biblioteca Nueva, 1973, *Obras completas*, t. III.

xual. La histérica, para evitar la rememoración brutal de la escena sexual, inventa fantasmas construidos sobre el terreno del recuerdo que quiere apartar. Así, la enferma consigue atemperar la tensión de dicho recuerdo, es decir, *sublimarlo.* Por consiguiente, estos fantasmas intermediarios tienen por cometido depurar, sublimar y presentar al yo una versión más aceptable del acontecimiento sexual reprimido. Que quede claro: lo que se sublima es el recuerdo sexual; en cuanto al fantasma, es a un tiempo el medio que posibilita esta sublimación, y el producto final de la sublimación.

Freud da el ejemplo de una joven histérica inconscientemente culpable por sus deseos incestuosos hacia el padre. La paciente está en conflicto con un recuerdo inconsciente que quiere olvidar, con el cual está identificada a mujeres sexualmente deseantes, con más exactitud, domésticas de baja moralidad de quienes la paciente sospechaba habían mantenido un comercio sexual ilícito con su padre. La joven, a fin de impedir el retorno de este recuerdo intolerable por incestuoso, construyó un argumento fantasmático diferente al argumento del recuerdo, en el cual es ella misma la que se siente despreciada y teme ser tomada por prostituta. En el recuerdo, ella se identifica con las domésticas que supuestamente desean al padre, mientras que en el fantasma, por la intermediación de una transmutación que Freud denomina *sublimación,* se identifica con estas mismas mujeres, pero esta vez en tanto mujeres corruptas, acusadas de prostitución. Gracias a la sublimación, considerada aquí como una *mutación en el sentido de la moralidad,* el fantasma ha vuelto moralmente aceptable un recuerdo incestuoso e inmoral. El sentimiento inconsciente de ser culpable de desear al padre fue reemplazado, gracias a la *sublimación,* por un sentimiento conciente de ser víctima del deseo de los otros. Cabe observar que este cambio sólo fue posible al precio de la aparición de síntomas neuróticos tales como la angustia experimentada por la joven histérica al salir sola por la calle, por miedo a ser tomada por una prostituta.

Arribamos, entonces, a una primera conclusión al conferir a la sublimación una función de defensa que atenúa o transforma el carácter insoportable de los recuerdos sexuales que el sujeto quiere ignorar. La sublimación operó el desplazamiento de una representación psíquica inconsciente ligada al deseo incestuoso, hacia otra representación psíquica aceptable para la conciencia, aunque portadora de síntomas y generadora de sufrimiento.

*

* *

La sublimación es una defensa contra los excesos de la transferencia amorosa en la cura

Pero Freud también sitúa la función defensiva de la sublimación en el interior mismo de la cura analítica. Esta vez, la amenaza de la emergencia de lo sexual surge de modo singular en el marco de la relación transferencial y puede manifestarse, por ejemplo, bajo la forma de una exigencia amorosa dirigida por la paciente a su analista. "La transferencia puede manifestarse como una apasionada exigencia amorosa o en formas más mitigadas. (...) [En este último caso] algunas mujeres llegan incluso a sublimar la transferencia y modelarla hasta hacerla en cierto modo viable"[2] y posibilitar así la prosecución de la cura. Entonces, saber sublimar la transferencia quiere decir que el vínculo amoroso de carácter pasional puede, e incluso debe, ir cediendo el lugar —mediante una progresiva deserotización— a una relación analítica viable. Después de un primer momento de investimiento libidinal de

2 Freud, S., "La transferencia" en *Lecciones introductorias al psicoanálisis,* Madrid, Biblioteca Nueva, 1973, *Obras completas,* t. II, pág. 2398.

un objeto erógeno, en este caso el psicoanalista, el proceso de sublimación se desarrolla tan lentamente como por ejemplo el trabajo de duelo, o incluso como ese otro trabajo que implica para el analizante integrar en sí la interpretación enunciada por el analista (trabajo denominado de elaboración). La sublimación consecutiva a la pasión en la transferencia, el duelo consecutivo a la pérdida, y la elaboración consecutiva a la interpretación, todos ellos requieren mucho tiempo, el tiempo indispensable para permitir que las múltiples representaciones del pensamiento inconsciente se encadenen.

Pero a la exigencia de tiempo se le agrega además el peso del dolor inherente al ejercicio inconsciente del pensamiento. Ya que pensar, es decir el desplazamiento incesante de una representación sexual a otra no sexual, es penoso; para el analizante sublimar es una actividad dolorosa. Freud, en su correspondencia con el pastor Pfister, no duda en reconocer que las vías de la sublimación son demasiado trabajosas para la mayoría de los pacientes. Se ven constreñidos a someterse a las exigencias del trabajo analítico que implica un tiempo de dominio de las pulsiones —y por lo tanto una parte de sublimación—, y a renunciar entonces a su inclinación a ceder de inmediato al placer de una satisfacción sexual directa.[3]

*

* *

La sublimación es una defensa contra la satisfacción directa de la pulsión. Definición de una pulsión sublimada

Abordemos ahora la sublimación en su relación con

2 Freud, S., *Correspondance avec le pasteur Pfister*, carta del 9 de febrero de 1909, Gallimard, 1972.

lo sexual, estudiado ahora ya no como un recuerdo insoportable, ni como un estado pasional de la transferencia, sino como siendo una moción pulsional que tiende a satisfacerse de modo inmediato. Tengamos presente que la pulsión jamás logra tomar la vía de la descarga directa y total, porque el yo, por temor a ser desbordado, le opone una acción defensiva. Precisamente, la sublimación es considerada por Freud como uno de los cuatro modos de defensa empleados por el yo contra los excesos de la pulsión. Estos modos de defensa son denominados más frecuentemente los destinos de la pulsión, ya que el resultado final de una pulsión va a depender de la barrera que encuentre en su camino.

En primer lugar, el flujo pulsional puede estar sujeto al destino de la *represión*, o de una tentativa de represión seguida de un fracaso que, entonces, dará lugar al síntoma neurótico. Este mismo flujo también puede encontrar —segundo destino— otra forma de oposición: el yo retira el flujo pulsional del objeto sexual exterior sobre el cual había recaído y lo vuelve sobre sí mismo. La formación psíquica característica de este segundo destino en el cual la pulsión *vuelve sobre el propio yo*[4] es el fantasma. Así, en un fantasma el investimiento que cargaba el objeto sexual es reemplazado por una identificación del yo con ese mismo objeto. El tercer avatar del flujo pulsional consiste en una pura y simple *inhibición*. La pulsión inhibida se transforma entonces en afecto tierno. Y finalmente —cuarto destino, el que en realidad nos interesa—, la moción pulsional es desviada y toma la vía de la *sublimación*. En este caso, diremos que una pulsión es sublimada cuando su fuerza es desviada de su primera finalidad de obtener una satisfacción sexual para ponerse al servicio,

[4] En pos de una mayor claridad condensamos dos destinos de la pulsión en uno solo. La vuelta *sobre el propio yo*, comporta en realidad dos destinos que Freud se ocupa de diferenciar: la vuelta sobre sí mismo y la inversión de la pulsión de activa en pasiva. Cf. *Las pulsiones y sus destinos*.

entonces, de una finalidad social, ya sea artística, intelectual o moral. Ahora bien, el cambio del fin sexual de la pulsión en beneficio de otro fin no sexual sólo será posible con la condición de que se cambie primero el medio empleado para la obtención del nuevo fin. Para que la pulsión sea sublimada, es decir, para que obtenga una satisfacción no sexual, será preciso que se sirva también de un objeto no sexual. Por lo tanto, la sublimación consiste en reemplazar el objeto y el fin sexuales de la pulsión por un objeto y un fin no sexuales.

Ahora bien, a pesar de ser fundamental para el proceso de sublimación, esta doble sustitución de objeto y de fin no basta para definirlo. Falta aún precisar que una pulsión sublimada depende también de dos propiedades comunes a toda pulsión. Por una parte, la pulsión sublimada, como toda pulsión, preserva la cualidad sexual de su energía (trátese de una pulsión sublimada o no sublimada, la libido es siempre sexual); y por otra, la pulsión sublimada, como toda pulsión, se mantiene constantemente activa (esté o no sublimada la fuerza de su actividad permanece constante, es decir, siempre en busca de una plena satisfacción que, en definitiva, jamás alcanza). Lo que queremos decir es que la fuerza pulsional sublimada sigue siendo siempre sexual porque la fuerza de donde proviene es sexual; y permanece siempre activa porque —puesto que su fin jamás es alcanzado plenamente— su empuje insiste y persiste. Sabemos que el fin de una pulsión es el alivio procurado por la descarga de su tensión; pero también sabemos que como esta descarga jamás es completa, la satisfacción es irremediablemente parcial. En consecuencia, ya sea la satisfacción sexual (pulsión reprimida) o no sexual (pulsión sublimada) sólo puede ser una satisfacción parcial o, si se quiere, insatisfacción. Trátese del síntoma producto de la represión, del fantasma producto de la vuelta de la pulsión sobre el yo, de la ternura producto de la inhibición, o aun de la obra artística producto de la sublimación, reconoceremos allí las expresiones diversas de una misma insatisfacción, es decir, de una misma satisfacción parcial. A los ojos de Freud los seres humanos son seres deseantes cuya única realidad es la insatisfacción.[5]

¿Qué es lo que caracteriza, en suma, a la sublimación? Por la vía de la búsqueda vana de una satisfacción imposible, es decir de una descarga total, la sublimación es una satisfacción parcial obtenida gracias a objetos distintos de los objetos sexuales eróticos. Por lo tanto podemos formular la siguiente conclusión:

> Una pulsión sublimada será llamada *sexual* si pensamos en su origen y en la naturaleza de su energía libidinal, y será llamada *no sexual* si pensamos en el tipo de satisfacción obtenida y en el objeto que la procura.

*
* *

La sublimación designa la capacidad plástica de la pulsión

Pero, si queremos ser rigurosos, debemos matizar esta última conclusión; debemos distinguir con claridad la pulsión sublimada de la operación de sublimación que la hizo posible. La sublimación no es tanto una satisfacción cuanto la *aptitud* de la pulsión para encontrar nuevas satisfacciones no sexuales. Sublimación quiere decir sobre todc plasticidad, maleabilidad de la fuerza pulsional. Freud lo escribe con mucha precisión: la sublimación es la "*posibilidad* de cambiar el fin sexual (...) por otro, ya no

5 "Pero [el artista] sólo lo logra [dar forma artística a fantasmas] porque los otros hombres sienten la misma insatisfacción que él en relación con la renuncia exigida en lo real y porque esta misma insatisfacción es un fragmento de la realidad" (*Résultats, Idées, Problèmes* I, P.U.F. 1984, pág. 141).

sexual",[6] es decir, la capacidad de cambiar una satisfacción sexual por otra, desexualizada. El destino de la pulsión que denominamos sublimación es, hablando con propiedad, la operación misma de cambio, el hecho mismo de la sustitución. Por lo tanto, la sublimación es, ante todo, el *pasaje* de una satisfacción a otra, más bien que un modo particular de satisfacción.

*

* *

Un ejemplo de sublimación: la curiosidad sexual sublimada

El caso de la curiosidad sexual infantil como expresión directa de la pulsión voyeurista, y su transformación ulterior en sed de saber, ilustra bien esta sustitución de una finalidad sexual por otra desexualizada. El primer fin de la curiosidad sexual es, por ejemplo, obtener placer en descubrir las partes genitales ocultas del cuerpo de la mujer, y completar así la imagen incompleta de un cuerpo parcialmente velado. Ahora bien, la exploración sexual del cuerpo femenino por el niño puede transformarse más tarde en el adulto, gracias a la sublimación, en deseo de un saber más global. Podemos decir con Freud que la pulsión de ver está sublimada "cuando es posible arrancar su interés [curiosidad] de los genitales y dirigirlo a la forma física y total". Como ya lo habíamos dicho, en la sublimación el cambio de fin sólo puede operarse si hay cambio de objeto: el cuerpo en su totalidad sustituye la región local de los órganos genitales; el todo toma el lugar de la parte. Por cierto, en la pulsión voyeurista sublimada, tanto el fin como el objeto cambian de naturaleza: el fin primeramente sexual *(obtener el placer visual de descubrir y ex-*

[6] Freud, S.: *La moral sexual "cultural" y la nerviosidad moderna*, Madrid, Biblioteca Nueva, 1973, Obras completas, tomo III.

plorar el cuerpo sexual femenino) se transforma en fin no sexual *(por ejemplo, obtener el placer de conocer la anatomía del cuerpo)*, y el objeto sexual y local *(órganos genitales)* se transforma en no sexual y global *(el cuerpo como objeto de estudio)*. Así, la sublimación de la pulsión voyeurista consiste en el pasaje de una satisfacción erótica y parcial, ligada a un objeto erótico local (los órganos genitales femeninos), a otra satisfacción no sexual pero igualmente parcial, ligada a un objeto más global y desexualizado (el cuerpo entero como objeto de conocimiento científico). La imagen local, que velaba el lugar sexual erotizado y atraía la curiosidad infantil, se transforma de modo progresivo por la mediación de la sublimación, en una imagen global del cuerpo que despierta el deseo de saber propio del creador. Es ésta otra sed, la de conocer y de producir, la que empuja al artista a engendrar su obra.

Para ilustrar mejor el proceso de la sublimación vamos a apoyarnos en una célebre observación clínica de Freud, en la cual tanto la curiosidad sexual infantil como otras formaciones pulsionales están sublimadas. Se trata del caso de un niño de cinco años, "Juanito", presa del miedo a ser mordido por caballos en la calle.[7] Este miedo fóbico infantil de estar expuesto en la calle al peligro de los animales proviene de la transformación en angustia de la energía libidinal de las pulsiones; el empuje sexual de las pulsiones inconscientes se transforma en el niño en angustia fóbica conciente. En efecto, la energía libidinal propia de las pulsiones que anidan en Juanito (pulsiones sádicas hacia la madre, tendencias hostiles y homosexuales respecto del padre, pulsiones voyeuristas-exhibicionistas, pulsiones fálicas que originan la masturbación), seguirá dos destinos. Una parte de la libido será transformada en angustia luego de haber sido sometida a un in-

[7] *Cinq Psychanalyses.*

tento fallido de represión. Mientras que otra parte de la energía libidinal, la que escapó al intento de represión, será sublimada bajo la forma de un muy vivo interés del niño por un objeto no sexual y global: la música. Este nuevo investimiento libidinal que carga los sonidos y la armonía musical inicia un largo proceso de sublimación que se continuará hasta la edad adulta cuando Juanito llegue a ser un excelente músico.

*

* *

Las dos condiciones del proceso de sublimación

1. *La sublimación requiere de la intervención del yo narcisista para producirse.* ❑ Hemos empleado la expresión "satisfacción desexualizada". Pero ¿qué se entiende por desexualización? El término es ambiguo ya que podría dejar pensar que ya no hay libido sexual en la pulsión. Ahora bien, hemos afirmado justamente lo contrario. Insistamos una vez más en el hecho de que la libido sublimada jamás pierde su origen sexual. De lo que se trata en la sublimación no es de "desexualizar globalmente" la pulsión, sino tan sólo de desexualizar su objeto. Desexualizar equivale a sustraer el investimiento libidinal que carga un objeto considerado erótico, para referirlo a otro objeto no sexual y así obtener una satisfacción igualmente, no sexual. Pero el éxito de este cambio desexualizante depende de una operación intermedia decisiva para toda sublimación: primero el yo retira la libido del objeto sexual, luego la vuelve sobre sí mismo y, finalmente asigna a esta libido un nuevo fin no sexual. Como podemos observar, el fin inicial de la pulsión de obtener una satisfacción sexual directa se sustituye ahora por una satisfacción sublimada, por ejemplo artística, gracias al placer intermediario de gratificación narcisista del artista. Es este narcisismo del artista el que condiciona y sostiene la actividad creadora de su pulsión sublimada.

En este punto debemos hacer una precisión. No toda desexualización es por ello una sublimación, pero en cambio, toda sublimación es, necesariamente, una desexualización. Dicho de otra manera, hay desexualizaciones que no tienen relación alguna con la sublimación, como por ejemplo la actividad del trabajo cotidiano o las actividades del ocio. Pero ¿qué es lo que especifica entonces al proceso de sublimación? Para responderlo, hemos de situar primero la segunda condición necesaria para este proceso.

2. *El ideal del yo inicia y orienta la sublimación.* ❑ El proceso de sublimación, es decir, el pasaje de una satisfacción erotizada e infantil a otra no erotizada e intelectual, no podría desarrollarse sin el sostén imprescindible de los ideales simbólicos y de los valores sociales de la época. Ahora bien, que las obras creadas por sublimación adquieran un valor social no significa que respondan a una utilidad social determinada. En general, los productos artísticos, intelectuales o morales no están sometidos a ninguna exigencia práctica en particular. La prueba más tangible de esto es la precocidad de los procesos de sublimación en los niños, tal como lo vimos en el caso de Juanito, o también en la renovada puesta en juego de las pulsiones sublimadas en el marco de la cura analítica durante el trabajo del analizante. Se trate de un pintor, de un músico, de un niño o de un analizante, todos ellos están entregados a una tarea cuyo resultado no puede ser medido por medio de criterios de eficacia, de utilidad o de ganancia. Cuando afirmamos que los objetos que procuran la satisfacción sublimada son objetos desexualizados y sociales, nos referimos principalmente al hecho de que responden a ideales sociales que exaltan la creación de nuevas formas significantes. Estos ideales sociales, interiorizados e inscritos en el yo del creador, son parte integrante de esa formación psíquica fundamental que Freud denomina ideal del yo. Las relaciones de esta formación de ideal con la sublimación no siempre fueron claramente elucidadas

por Freud.[8] No obstante, podemos afirmar que el ideal del yo cumple dos funciones respecto del proceso de sublimación.

En primer lugar, tal como acabamos de señalarlo, el ideal juega el rol de *desencadenante* del proceso, con la particularidad de que, una vez iniciado el movimiento de sublimación, el impulso creador de la obra se separa del ideal del yo que lo había suscitado al comienzo. En el caso de Juanito, es sin duda la música —ideal anhelado por el padre— la que toma la forma del ideal del yo incitando al niño a gozar del placer auditivo de los sonidos y las melodías, y a compensar de esta manera el sufrimiento neurótico de su fobia. Una vez experimentado el primer goce auditivo, el impulso pulsional de la sublimación se transformará en puro gusto por los sonidos, fusión íntima, físicamente sensual, con la materialidad del espacio sonoro; de allí en más, toda referencia ideal, toda norma o valor abstracto se reduce y se funde en el seno de este contacto siempre sensual y apasionado que mantiene el artista con los materiales de su creación.

A esta primera función de incentivo simbólico se le suma una segunda según la cual el ideal indica la *dirección* del movimiento iniciado. Precisamente, esta segunda función referencial del ideal del yo permite aclarar una formulación freudiana retomada frecuentemente pero rara vez explicitada. Cuando Freud afirma que la sublimación representa la satisfacción de la pulsión *sin la represión*, esto no significa en modo alguno que la fuerza pulsional sea descargada, plena y libre de toda constricción. Por cierto, la expresión "sin represión" quiere decir ausencia de una censura que impida el paso del empuje de la pulsión, pero no por ello implica la idea de una fuerza pulsional errática y disminuida. La sublimación de la pulsión no es por cierto la represión, pero es no obstante una constricción impuesta a la actividad pulsional bajo la

[8] La vie sexuelle,...

forma de una desviación del curso de su flujo hacia una satisfacción distinta de la satisfacción sexual. Ahora bien, el elemento que impone este desvío no es la censura que reprime, sino justamente el ideal del yo que exalta, guía y enmarca la capacidad plástica de la pulsión.

*

* *

Enfoque lacaniano del concepto de sublimación: "la sublimación eleva el objeto a la dignidad de la cosa"

La teoría lacaniana de la sublimación descansa íntegramente en una proposición *princeps* formulada por Lacan en su seminario sobre *La ética del psicoanálisis:* "La sublimación eleva un objeto (narcisista e imaginario) a la dignidad de la Cosa." Nos limitaremos aquí a explicar el sentido general de esta fórmula partiendo del efecto provocado por la obra —producto de la sublimación— en aquel que la mira. Ya habíamos subrayado una primera característica de las obras creadas por sublimación: son en principio objetos desprovistos de toda finalidad práctica y que responden a ideales sociales elevados, internalizados subjetivamente bajo la forma del ideal del yo del creador. Pero la especificidad de las producciones intelectuales, científicas y artísticas elaboradas con la fuerza sexual de una pulsión sublimada reside principalmente en su cualidad de objetos imaginarios. Estas obras, y en especial la obra de arte, prototipo de creación producida por sublimación, no son cosas materiales sino más bien formas e imágenes *nuevamente creadas,* dotadas de una singular eficacia. Se trata de imágenes y de formas significantes trazadas a la manera de la imagen inconsciente de nuestro cuerpo, más exactamente, de nuestro yo inconsciente narcisista. Ahora bien, estas obras imaginarias de la sublimación son capaces de producir dos efectos fundamentales en el espectador: lo deslumbran por su fascinación, y suscitan en él el mismo estado de pasión y de deseo suspendido que había llevado al artista a engendrar su obra.

¿Qué deducir de esto sino que una representación de nuestro yo narcisista, proyectada afuera en la existencia objetiva de una obra, ha sido capaz de reenviar al espectador a su propio deseo de crear? Una imagen modelada por el yo ha provocado en el espectador un similar movimiento pulsional hacia la sublimación, es decir, hacia una satisfacción no sexual, global, cercana a un vacío infinito, de un goce sin límites. Elevar el objeto narcisista a la dignidad de la Cosa quiere decir, entonces, que la impronta del yo del creador, objetivada en obra de arte, ha abierto en el otro la dimensión intolerable de un deseo de deseo, de un deseo en suspenso sin ningún objeto asignado. El objeto imaginario y narcisista —verdadera condensación de estos tres componentes que son la fuerza pulsional, el narcisismo del creador y la forma acabada de la obra— se disuelve y se disipa ahora en el vacío de la emoción intensa y poderosa que suscita en el admirador fascinado.

*

* *

Resumen

Resumamos de modo esquemático los rasgos principales de una pulsión sublimada:

– La fuente de la cual proviene es, como para toda pulsión, una zona erógena y por lo tanto *sexual.*

– El empuje de la pulsión, marcada por el origen sexual de su fuente, sigue siendo siempre, independientemente de su destino, *libido sexual.*

– El fin específico de la pulsión sublimada es una satisfacción parcial pero *no sexual.*

– El objeto específico de la pulsión sublimada es igualmente *no sexual.*

– En suma, una pulsión sublimada será llamada *se-*

xual si pensamos en su origen y en la naturaleza de su energía libidinal, y será llamada *no sexual* si pensamos en el tipo de satisfacción obtenida (parcial) y en el objeto que la procura.

– La sublimación no es, hablando con propiedad, una satisfacción, sino la *capacidad plástica de la pulsión* de cambiar de objeto y de encontrar nuevas satisfacciones. La fijeza de la pulsión sobre un objeto sexual se opone a la movilidad de la sublimación desexualizada.

– El movimiento de la sublimación, que se origina en una fuente sexual y culmina en una obra no sexual, sólo puede cumplirse con dos condiciones. Por una parte, el yo del creador debe estar dotado de una particular potencialidad narcisista capaz de desexualizar el objeto sexual cargado por las fuerzas pulsionales arcaicas que resultan de la fuente sexual. Por otra, la creación de la obra producto de la sublimación responde a los cánones de un ideal anhelado por el yo narcisista del creador. Insistimos: una actividad de origen sexual, desexualizada a través del narcisismo, orientada hacia el ideal del yo y generadora de una obra humana no sexual, tal es la dinámica propia del movimiento de la sublimación.

Para concluir, resumamos ahora los rasgos de las obras creadas gracias a la actividad de una pulsión sublimada:

– La obra producida por sublimación no tiene *ninguna finalidad práctica o utilitaria.*

– La obra de la sublimación responde a *ideales sociales elevados,* internalizados subjetivamente en el *ideal del yo* del artista creador.

– Las obras de la sublimación son imágenes y formas significantes *nuevamente creadas,* más bien que cosas materiales.

– Se trata de imágenes y de formas trazadas a la manera de la imagen inconsciente de nuestro cuerpo, o más exactamente a la manera de nuestro yo inconsciente narcisista.

– Las obras imaginarias de la sublimación son capaces de producir dos efectos fundamentales en el espectador: lo deslumbran por su fascinación, y suscitan en él el mismo estado de pasión y de deseo suspendido que había llevado al artista a engendrar su obra.

– La obra de arte, verdadera condensación de esos tres componentes que son la fuerza pulsional, el narcisismo del creador y la forma acabada de la obra, se disuelve y se disipa ahora en el vacío de la emoción intensa y poderosa que suscita en el admirador.

Fragmentos de las obras de S. Freud y de J. Lacan sobre la sublimación

Selección bibliográfica sobre la sublimación

Fragmentos de las obras de S. Freud y de J. Lacan sobre la sublimación

Freud

La sublimación es una defensa operada por el fantasma

Las fantasías son, efectivamente, antepórticos psíquicos erigidos para bloquear el acceso a esos recuerdos, al mismo tiempo sirven a la tendencia de refinar los recuerdos, de sublimarlos (1987).[1]

*

La sublimación es un medio de atenuar el contenido sexual de la transferencia entendido como una verdadera formación pulsional en la cura

Otras [transferencias] muestran un mayor artificio, han experimentado una modificación de su contenido, una *sublimación* y pueden incluso hacerse concientes apoyándose en alguna singularidad real, hábilmente aprovechada, de la persona o las circunstancias del médico (1905). [2]

*

Sublimar es, para nuestros pacientes, una actividad dolorosa

Un éxito perdurable del psicoanálisis depende de las dos vías que logra abrir: por una parte, la descarga de la satisfacción, y por otra la dominación y la sublimación de la pulsión rebelde (...). Como las vías de la sublimación son demasiado penosas para la mayoría de nuestros pacientes, gran parte de las veces nuestra cura desemboca en la búsqueda de la satisfacción (1909).[3]

*

La sublimación consiste en un abandono del fin sexual de la pulsión

La sublimación es un proceso que se relaciona con la libido objetal y consiste en que el instinto se orienta sobre un fin diferente y muy alejado de la satisfacción sexual (1914).[4]

*

La sublimación designa la capacidad plástica de la pulsión

Esta posibilidad de cambiar el fin sexual primitivo por otro, ya no sexual, pero psíquicamente afín al primero, es lo que designamos con el nombre de capacidad de *sublimación* (1908).[5]

*

Un ejemplo de sublimación: la curiosidad sexual sublimada en deseo de saber

Cuando las ondas de la excitación concomitantes a la pubertad [de Leonardo] lleguen hasta el adolescente (...) la parte más considerable del instinto sexual podrá quedar sublimada merced al temprano predominio del ansia sexual de saber, en un deseo general de saber, y escapará asi a la represión (1910).[6]

*

El objeto de la pulsión sublimada es un objeto más global que el objeto sexual

... curiosidad sexual (...) que puede derivarse hacia el arte ("sublimación") cuando es posible arrancar su interés de los genitales y dirigirlo a la forma física y total (1905).[7]

*

La intervención del yo es una de las dos condiciones del proceso de sublimación. La sublimación comporta una desexualización bajo la forma de una vuelta narcisista sobre el yo

Nos hallamos aquí nuevamente ante la posibilidad de que la sublimación tenga efecto siempre por mediación del yo (1923).[8]

*

La transformación de la libido objetal en libido narcisista trae consigo un abandono de los fines sexuales, una desexualización, o sea, una especie de sublimación (1923).[9]

*

El ideal del yo (aquí valores sociales) orienta el proceso de sublimación

Los impulsos sexuales son aquí objeto de una sublimación; esto es, son desviados de sus fines sexuales y dirigidos a fines socialmente más elevados, faltos ya de todo carácter sexual 1917).[10]

*

A cierta clase de modificaciones del fin y cambios de objeto, en las que entra en juego nuestra valoración social, le damos el nombre de *sublimación* (1933).[11]

*
* *

Lacan

La sublimación es un concepto problemático

Freud relaciona la sublimación con los *Triebe* como tales, y en esto reside, para los analistas, toda la dificultad de su teorización.[12]

*

La sublimación es un destino de la pulsión distinto de la represión

La sublimación no deja de ser por ello una satisfacción de la pulsión, y además sin represión.[13]

*

La sublimación es el pasaje de un objeto imaginario a un vacío real (la Cosa)

Entre el objeto tal como está estructurado por la relación narcisista y *das Ding* [la Cosa] hay una diferencia y, precisamente, en el espacio de esta diferencia se sitúa para nosotros el problema de la sublimación.[14]

*

La sublimación eleva un objeto [narcisista e imaginario] (...) a la dignidad de la Cosa.[15]

*

El arte, la religión y la ciencia son distintas maneras de tratar el vacío de la Cosa

Esta Cosa, todas cuyas formas creadas por el hombre son del registro de la sublimación, estará representada siempre por un vacío, precisamente en tanto que ella no puede ser representada por otra cosa. (...) Pero en toda forma de sublimación el vacío será determinante.[16]

*
* *

Referencias de los fragmentos citados

[1] "Manuscrito L", en *Los orígenes del psicoanálisis,* Madrid, Biblioteca Nueva, 1973, *Obras completas,* tomo III, pág. 3566.

[2] *Análisis fragmentario de una histeria (caso "Dora"),* Madrid, Biblioteca Nueva, 1973, *Obras Completas,* tomo I, pág. 998.

[3] Carta al pastor Pfister del 9 de febrero de 1909, en *Correspondance de S. Freud avec O. Pfister,* Gallimard, 1974, págs. 46-47.

[4] *Introducción al narcisismo,* Madrid, Biblioteca Nueva, 1973, *Obras completas,* tomo II, pág. 2029.

[5] *La moral sexual "cultural" y la nerviosidad moder-*

na, Madrid, Biblioteca Nueva, 1973, *Obras completas*, tomo II, pág. 1252.
[6] *Un recuerdo infantil de Leonardo da Vinci*, Madrid, Biblioteca Nueva, 1973, *Obras completas*, tomo II, pág. 1616.
[7] *Tres ensayos para una teoría sexual*, Madrid, Biblioteca Nueva, 1973, *Obras completas*, tomo II, pág. 1184.
[8] *El yo y el ello*, Madrid, Biblioteca Nueva, 1973, *Obras completas*, tomo III, pág. 2720.
[9] *Ibíd.*, pág. 2711.
[10] "Introducción al psicoanálisis" en *Lecciones introductorias al psicoanálisis*, Madrid, Biblioteca Nueva, 1973, *Obras completas*, tomo II, pág. 2130.
[11] "La angustia y la vida instintiva" en *Nuevas lecciones introductorias al psicoanálisis*, Madrid, Biblioteca Nueva, 1973, *Obras completas*, tomo III, pág. 3155.
[12] *El Seminario*, libro VII, *La ética del psicoanálisis*, Barcelona, Paidós, pág. 136.
[3] *El Seminario*, libro XI, *Los cuatro conceptos fundamentales del psicoanálisis*, Argentina, Paidós, 1986, pág. 173.
[14] *El seminario*, libro VII, *La ética del psicoanálisis*, *op. cit.*, pág. 122.
[15] *Ibíd.*, pág. 138.
[16] *Ibíd.*, pág. 160.

Selección bibliográfica sobre la sublimación

FREUD, S.

1897 "Manuscrit L" en *La naissance de la psychanalyse,* P.U.F., 1956, pág. 174. [Hay versión castellana: "Manuscrito L" en *Los orígenes del psicoanálisis,* Madrid, Biblioteca Nueva, 1973, *Obras completas,* tomo III.]

1905 "Fragment d'une analyse d'hystérie. (Dora)", en *Cinq Psychanalyses,* P.U.F., 1954, pág. 87. [Hay versión castellana: *Análisis fragmentario de una histeria ("caso Dora"),* Madrid, Biblioteca Nueva, 1973, *Obras completas,* tomo I.]

Trois essais sur la théorie de la sexualité, Gallimard, 1962, págs. 42-107. [Hay versión castellana: *Tres ensayos para una teoría sexual,* Madrid, Biblioteca Nueva, 1973, *Obras completas,* tomo II.]

1908 "La morale sexuelle civilisée..." en *La vie sexuelle,* P.U.F., 1969, págs. 33-35. [Hay versión castellana: *La moral sexual "cultural" y la nerviosidad moderna,* Madrid, Biblioteca Nueva, 1973, *Obras completas,* tomo II.]

1909 *Cinq leçons sur la psychanalyse,* Payot, 1981, pág. 64. [Hay versión castellana: *Psicoanálisis (Cinco conferencias...),* Madrid, Biblioteca Nueva, 1973, *Obras completas,* tomo II.]

1910 *Un souvenir d'enfance de Léonard de Vinci*, Gallimard, 1987, págs. 81, 85, 171. [Hay versión castellana: *Un recuerdo infantil de Leonardo da Vinci*, Madrid, Biblioteca Nueva, 1973, *Obras completas*, tomo II.]

1912 "Conseils aux médecins sur le traitement analytique", en *La technique psychanalytique*, P.U.F., 1953, págs. 69-70. [Hay versión castellana: *Consejos al médico en el tratamiento psicoanalítico*, Madrid, Biblioteca Nueva, 1973, *Obras completas*, tomo II.]

1915 "Pour introduire le narcissisme", en *La vie sexuelle*, *op. cit.*, págs 98-99 (sublimación e ideal del yo). [Hay versión castellana: *Introducción al narcisismo*, Madrid, Biblioteca Nueva, 1973, *Obras completas*, tomo II.]

1917 *Introduction à la psychanalyse*, Payot, 1981, pág. 13. [Hay versión castellana: *Lecciones introductorias al psicoanálisis*, Madrid, Biblioteca Nueva, 1973, *Obras completas*, tomo II.]

1923 "Le moi et le ça" en *Essais de psychanalyse*, Payot, 1981, págs. 242, 259. [Hay versión castellana: *El yo y el ello*, Madrid, Biblioteca Nueva, 1973, *Obras completas*, tomo III.]

1923 "Psychanalyse" y "Théorie de la libido" en *Résultats, Idées, Problèmes II*, P.U.F., 1985, pág. 74. [Hay versión castellana: *Psicoanálisis y teoría de la libido. Dos artículos de enciclopedia*, Madrid, Biblioteca Nueva, 1973, *Obras completas*, tomo III.]

1930 *Malaise dans la civilisation*, P.U.F., 1971, pág. 18. [Hay versión castellana: *El malestar en la cultura*, Madrid, Biblioteca Nueva, 1973, *Obras completas*, tomo III.]

1933 *Nouvelles conférences d'introduction à la psychanalyse,* Gallimard, 1984, págs. 131, 180. [Hay versión castellana: *Nuevas lecciones introductorias al psicoanálisis,* Madrid, Biblioteca Nueva, 1973, *Obras completas,* tomo III.]

LACAN, J.

Le Séminaire, libro VII, *L'ethique de la psychanalyse,* Seuil, 1986, págs. 117, 131, 133, 155. [Hay versión castellana: *Seminario 7. La ética del psicoanálisis,* Barcelona, Paidós.]

Le transfert (seminario inédito), lección del 22 de marzo de 1961.

Le Séminaire, libro XI, *Les quatre concepts fondamentaux de la psychanalyse,* Seuil, 1973, pág. 151. [Hay versión castellana: *El Seminario 11. Los cuatro conceptos fundamentales del psicoanálisis,* Buenos Aires, Paidós, 1986.]

D'un autre à l'Autre (seminario inédito), lecciones del 5 de marzo y del 12 de marzo de 1969.

Ecrits, Seuil, 1966, pág. 90, 712. [Hay versión castellana: *Escritos I* y *Escritos II,* México, Siglo XXI, 1970 y 1978 respectivamente.]

*
* *

ABRAHAM, K., *Œuvres complètes,* tomo I, Payot, 1965, pág. 216.

FEDIDA, P., "Temps et négation. La création dans la cure psychanalytique", en *Psychanalyse à la Université,* tomo 2, nº 7, junio de 1977, págs. 427-448.

KLEIN, M., *Essais de psychanalyse,* Payot, 1968, pág. 254.

LAPLANCHE, J., *Problématiques, 3. La sublimation,* P.U.F., 1980.

RODRIGUÉ, E., "Notes on Symbolism", *Int. J. Psa*, vol. 37.

5
El concepto de IDENTIFICACION

El concepto de identificación

Una perspectiva lacaniana

El objetivo de este capítulo no es profundizar tal o cual aspecto de la noción de identificación, sino presentar su articulación esencial desde el punto de vista lacaniano. Cuando empleamos corrientemente el término "identificación" vehiculizamos, sin ser concientes de ello, una idea recibida, vagamente tomada de la psicosociología. Esta se reduce a un esquema muy simple compuesto por dos personas diferentes —A y B— ligadas entre sí por una relación de identificación. La persona A, ya bien individualizada, se transformará progresivamente por identificación en B. En consecuencia, concluimos que A adopta los rasgos de B, se identifica con B. Ahora bien, en psicoanálisis tenemos una forma radicalmente opuesta de comprender la relación identificatoria. Este esquema, resultante de la opinión común, será modificado en profundidad por el pensamiento psicoanálitico. Tanto el tratamiento operado por Freud como aquel, muy diferente, operado por Lacan, constituyen cada uno a su manera una verdadera subversión de la forma habitual de concebir la identificación. La subversión freudiana del esquema tradicional y fundamentalmente la inversión más radical del mismo suscitada por Lacan, revelarán, cada una, un problema teórico preciso cuya solución adecuada es el concepto de identificación. ¿Cuáles son estos problemas con los cuales se enfrentan Freud y Lacan? Responder a esta pregunta equivale a reencontrar la encrucijadas freudiana y lacaniana que hacen necesaria la existencia del concepto psicoanalítico de identificación.

*

* *

Encrucijada freudiana del concepto de identificación

La identificación, lejos de unir a dos individuos distintos transformándose el uno en el otro, se produce por el contrario en el espacio psíquico de un solo y mismo individuo. Por lo tanto, la modificación freudiana del esquema habitual de la identificación recae sobre un punto esencial: el espacio en el cual se encuentra contenido el esquema. En efecto, con Freud abandonamos el espacio usual de la distancia entre dos personas, nos introducimos en la cabeza de una de ellas, aislamos la identificación como un proceso específico del dominio del inconsciente, y finalmente descubrimos, en el interior mismo de este dominio, que la así llamada identificación sólo tiene lugar entre dos instancias *inconscientes.* Del esquema recibido mantenemos ambos términos —A y B—, así como su transformación del uno en el otro, pero ahora, al pensarlo a través del prisma del inconsciente, subvertimos sus bases situándolo y situándonos también nosotros en un ámbito muy diferente, el ámbito psíquico. ¿Qué hicimos? Sustituimos las relaciones intersubjetivas por relaciones intrapsíquicas.* Digámoslo claramente: la identificación tal

* Freud rara vez explicita esta sustitución que, al quedar silenciada, origina frecuentes confusiones en los escritos analíticos, cuando en realidad está en la base de gran cantidad de importantes adelantos teóricos. A continuación transcribimos dos pasajes en donde Freud enuncia con claridad la sustitución de un ser humano por una instancia psíquica. El primero está tomado de *Dostoyevsky y el parricidio:* "En conjunto, la relación entre la persona y el objeto paterno se ha transformado, conser-

como es concebida por el psicoanálisis freudiano es un proceso de transformación efectuado en el seno mismo del aparato psíquico, fuera de nuestro espacio habitual y que no puede ser percibido en forma directa por medio de nuestros sentidos.

Por cierto, en una cura analítica podemos reconocer exteriorizaciones clínicas indirectas de la identificación, pero jamás alguna de estas manifestaciones muestra tal cual el mecanismo que opera en una identificación psíquica inconsciente. El dato clínico observable de una identificación es siempre indirecto; contrariamente a lo que se podría creer, no se presenta a la manera de los fenómenos de semejanza, de imitación psicológica o de mimetismo animal. A diferencia de estos fenómenos, que reflejan de modo bastante transparente la causa que los provoca, la identificación inconsciente sólo es perceptible de manera indirecta. Por ejemplo, que un hijo reproduzca el comportamiento de su padre desaparecido no es un buen ejemplo de identificación tal como nosotros la entendemos; en cambio que ese mismo hijo sea presa de un repentino desmayo de carácter histérico, nos parece por el contrario la prueba indiscutible del advenimiento de una identificación inconsciente. Ante este joven desmayado, el psicoanalista reconocerá la manifestación de una identificación inconsciente entre el yo del joven y un padre muerto, o para ser más precisos, entre el yo y la representación inconsciente del padre muerto.* Esto es lo que quisiera

---

vando su contenido, en una relación entre el yo y el superyó, constituyendo una reposición de la misma obra en un nuevo escenario." (Madrid, Biblioteca Nueva, 1973, *Obras completas*, tomo III, pág. 3010); el segundo pasaje lo extrajimos de *Psicología de las masas y análisis del yo:* "todos los efectos recíprocos desarrollados entre el objeto exterior y el yo total, se reproducen ahora dentro del yo [mismo]" (Madrid, Biblioteca Nueva, 1973, *Obras completas*, tomo II, pág. 2.600).

* Para un psicoanalista, el padre del niño y el padre muerto son dos personajes completamente distintos: el padre que el niño imita es una persona; el otro padre, muerto, con el cual su yo se identifica, es una representación psíquica inconsciente.

transmitir al lector: cuando de lo que se trata es del inconsciente, dejamos de estar en el terreno conocido de una persona entre otras moviéndose en el habitual espacio tridimensional, dejamos de estar en el nivel del individuo reconocido de acuerdo con un conjunto de referencias psicológicas y sociales; estamos en otro lado, en el lugar impersonal e inconsciente de ese otro individuo, muy singular, heterogéneo, denominado por Freud "ello psíquico".[1] En efecto, estamos en este espacio psíquico preocupados por entender cómo, en el seno del ámbito inconsciente, dos polos —el yo y el objeto— entran en una relación de identificación. Es ésta la encrucijada freudiana del concepto psicoanalítico de identificación: *dar un nombre al proceso inconsciente realizado por el yo cuando éste se transforma en un aspecto del objeto.* Insisto, tanto el yo como el objeto son considerados aquí tan sólo en su estricto estatuto de instancias inconscientes.

Pero antes de explicitar la naturaleza de estas dos entidades y de desarrollar la teoría freudiana de la identificación, planteemos con brevedad lo esencial de la encrucijada lacaniana.

*

*   *

Encrucijada lacaniana del concepto de identificación

Mientras que Freud propone el nombre de identificación para denominar la relación de intricación entre dos instancias inconscientes —el yo y el objeto—, Lacan, en cambio, se enfrenta a un problema diferente, más delica-

1 "Un individuo es un ello psíquico, desconocido e inconsciente" (Freud, S.: *El yo y el ello,* Madrid, Biblioteca Nueva, 1973, *Obras completas,* tomo III, pág. 2707).

do y difícil. El concepto lacaniano de identificación responde a una encrucijada más radical que la encrucijada freudiana, puesto que ya no se trata de dar cuenta de la relación entre dos términos relativamente bien constituidos —un yo determinado se identifica con un objeto igualmente bien definido—, sino de nombrar una relación en la cual uno de los términos crea al otro. Para Lacan, la identificación es el nombre que sirve para designar el nacimiento de una nueva instancia psíquica, la producción de un nuevo sujeto. Hay aquí, respecto de Freud, una torsión aun más sustancial del pensamiento. Estamos lejos ahora del esquema tradicional de la identificación comprendida como una transformación entre dos términos previamente existentes —A convirtiéndose en B—; estamos ahora ante un esquema muy distinto, el esquema de la causación de uno de estos términos producido por el otro. Mientras que Freud transplanta el esquema tradicional al desplazarlo del espacio psicológico y tridimensional al espacio inconsciente, Lacan opera además una doble inversión: la identificación no sólo es inconsciente, no sólo significa engendramiento, sino que además, y esto es lo más importante, el sentido del proceso se invierte. En lugar de que A se transforme en B —como sucedía en el esquema freudiano—, *es B el que produce a A*. La identificación significa que la cosa con la cual el yo se identifica es la causa del yo; es decir que el rol activo que antes jugaba el yo es ahora ejecutado por el objeto. Resumiremos en pocas palabras la encrucijada lacaniana sin abandonar el léxico freudiano: el agente de la identificación no es ya el yo sino el objeto. Así, por medio del concepto de identificación, Lacan resuelve un problema psicoanalítico fundamental: *dar un nombre al proceso psíquico de constitución del yo*, o formulado de manera más correcta, *dar un nombre al proceso de causación del sujeto del inconsciente*. Volveremos sobre ello.

*

* *

Las categorías freudianas de la identificación

Premisas: ¿Qué es el objeto?

Con vistas a establecer ulteriormente las distinciones lacanianas de la identificación, les propondré reagrupar las diferentes acepciones freudianas de este concepto en dos grandes categorías.[2] Por un lado la identificación *total* operada entre la instancia psíquica inconsciente denominada yo y esa otra instancia igualmente inconsciente que podemos denominar objeto total. Y por otro, esta segunda categoría de identificación que llamaremos *parcial,* en la cual el yo se identifica con un aspecto, y sólo un aspecto, del objeto. Pero antes de abordar cada una de estas categorías, examinemos primero el estatuto de estas entidades inconscientes que denominamos yo y objeto.

Intentaré desarrollar aquí únicamente aquello que me parece que plantea la mayor dificultad, a saber, la definición del objeto. En cuanto concierne al yo, les pediré que acepten sin más examen la acepción freudiana de un yo inconsciente.[3] En cambio, me parece indispensable para la prosecución de nuestro estudio el que nos pongamos de acuerdo acerca del sentido de la palabra *objeto.* Muchos malentendidos en los escritos psicoanalíticos, incluidos los de Freud, provienen del hecho de que a menudo se confunde el yo con la persona que somos, y el objeto con la persona del otro. Ahora bien, el término objeto, poco feliz,

2 No hay una clasificación del concepto de identificación en la obra de Freud que cuente con el acuerdo unánime de los psicoanalistas. Clasificar es siempre un gesto teórico arbitrario; una confirmación de la diversidad de los enfoques nos es proporcionada por la lectura de los documentos preparatorios para el 34º Congreso de la Asociación Psicoanalítica Internacional, dedicado, precisamente, al tema de la identificación (Hamburgo, julio de 1985).

3 "Pero el yo es también, como ya sabemos, inconsciente" (*El yo y el ello, op. cit.,* pág. 2707).

utilizado en ocasiones para describir la figura de un otro amado y deseado, reviste aquí, en el contexto del problema de la identificación, un sentido muy preciso. Ante todo, la palabra objeto no designa la persona exterior del otro, o aquello que de su perosna me es dado a percibir concientemente, sino la representación psíquica inconsciente de este otro. En realidad, para ser más exactos, seamos más restrictivos y expresémonos con la debida complejidad. Para hablar con propiedad, el objeto designa algo diferente de la representación psíquica *del* otro comprendida como si fuera la huella de su presencia viva inscrita en mi inconsciente. El término objeto nombra en realidad una representación inconsciente *previa* a la existencia del otro, una representación que ya está ahí y contra la cual vendrá a apoyarse luego la realidad exterior de la persona del otro o de uno cualquiera de sus atributos vivientes. Para hablar con todo rigor, en el inconsciente no hay representaciones *del* otro, sino tan sólo representaciones inconscientes, impersonales por decirlo de alguna manera, a la espera de un otro exterior que venga a adecuarse a ellas.

A fin de reorganizar mejor nuestras palabras, debemos hacer observar otras dos cuestiones: primeramente, que la adecuación de este otro exterior al molde de una representación inconsciente previa puede producirse sin que lo hayamos encontrado efectivamente como persona viva. El otro, denominado exterior, puede corresponder a una evocación muy lejana de alguien que quizá jamás existió: un personaje mitológico, una figura de la novela familiar, etcétera. Y luego, observemos también que el así llamado otro, ya sea una presencia inmediata o una evocación antigua, puede ser percibido fuera de mi conciencia y registrado sin que yo lo sepa en el inconsciente. Veámoslo: tomemos por ejemplo la escena de una madre que evoca ante su hijo a un lejano ascendiente familiar. Sin que el hijo se dé cuenta, un sencillo detalle del relato ligado al personaje evocado se inscribirá en su inconsciente. Es decir que un detalle sin importancia aparente —ahora aislado y separado por completo de la figura del ancestro— vino a encajar en el molde de una representación inconsciente preexistente. Entonces preguntémonos: en esta secuencia, ¿en dónde ubicaríamos al objeto? El objeto no es la madre que habla, ni el personaje familiar rememorado, ni siquiera el detalle percibido de modo inconsciente, sino la representación previa confirmada ahora por la inscripción inconsciente de un detalle del relato. En suma, es exactamente esta representación, que consagra la existencia inconsciente del otro, lo que nosotros denominamos objeto.

No obstante estas precisiones y a fin de exponer mejor las distintas categorías freudianas de la identificación, me veré llevado a utilizar la palabra "objeto" sin poder evitar en todos los casos la ambigüedad entre dos acepciones: la primera, muy general, empleada con frecuencia, considera como objeto a la persona exterior del otro elegido o a uno de sus atributos; la segunda estrictamente analítica, considera el objeto como una representación inconsciente. Por lo tanto, a fin de eliminar la primera acepción, demasiado confusa, propongo al lector que convengamos en una regla de lectura: de ahora en adelante, cada vez que encuentre el término "objeto", deberá hacer el esfuerzo de traducirlo mentalmente por el término más apropiado "representación inconsciente"; es decir, hacer el esfuerzo de no imaginarse una persona, sino de pensar en una instancia psíquica inconsciente.

Una vez establecidas estas premisas, examinemos ahora las dos grandes categorías freudianas de la identificación, tal como las esquematizamos en la figura 1.

*

*   *

Identificación entre dos instancias inconscientes el yo y el objeto

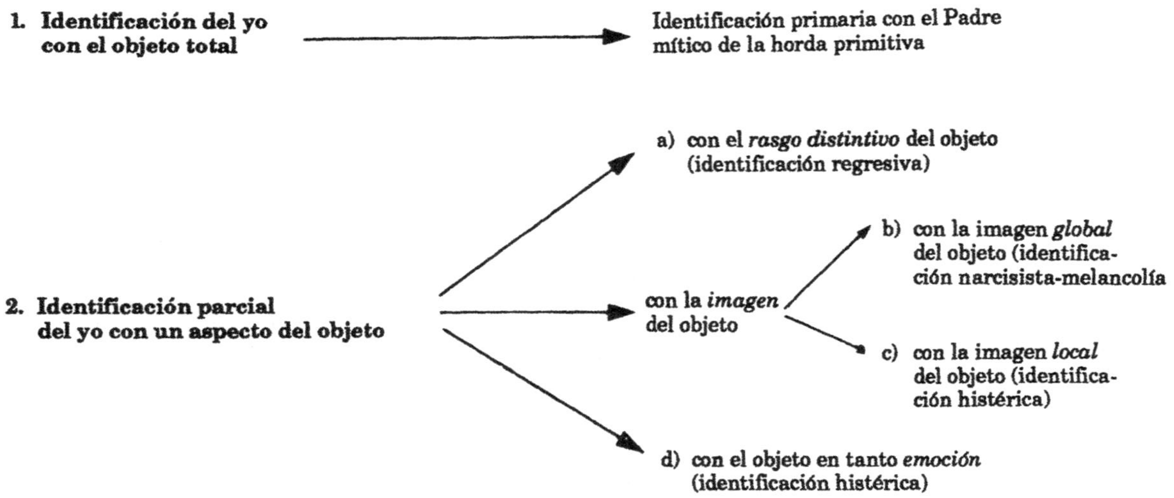

Figura 1

Esquema de las categorías freudianas de la identificación

Las categorías freudianas: la identificación total y las identificaciones parciales

La identificación total

La primera identificación *total* del yo con el objeto total, designada en la obra de Freud con el nombre de identificación primaria, es esencialmente mítica: hablando con propiedad, dicha identificación no existe y no remite a hecho clínico directo alguno. Constituye más bien una especie de a priori mítico, una alegoría fundamental de la forma en la cual se transmitiría de generación en generación, más allá de los límites de los hombres, la fuerza de la vida, la libido inmortal. El objeto total de esta identificación primaria es el Padre mítico de la horda primitiva, a quien los hijos devorarán hasta llegar a ser, cada uno de ellos, un padre. Los hijos incorporan por la boca, y con el placer oral de comer, el cuerpo despedazado del Padre, o para ser más exactos, un pedazo del cuerpo que contiene íntegramente la fuerza paterna. De esta manera, el yo ocupa por entero el lugar paterno puesto que asimila libidinalmente (placer oral) un fragmento corporal de la plena potencia libidinal del Padre.

Las identificaciones parciales

La segunda categoría de identificación concierne a la identificación del yo con un *aspecto parcial* del objeto. Pero, ¿qué se entiende por "aspecto parcial del objeto"? Puesto que convinimos en traducir la palabra objeto por representación inconsciente, el aspecto parcial del objeto señala el aspecto o la forma que puede adoptar una representación. Según el aspecto que tome el objeto —ser un *rasgo distintivo*, una *imagen global*, una *imagen local*, o incluso ser *una emoción*— nos encontraremos en presencia de cuatro modalidades de identificación parcial. Existirían, entonces, cuatro fusiones posibles del yo con una forma del objeto, o lo que viene a ser lo mismo, con una forma particular de la representación inconsciente. Claro está que esta clasificación de las diversa identificaciones parciales presentes en la teoría freudiana es arbitraria. Nuestro objetivo no es retomar de modo axhaustivo la teoría freudiana de la identificación, sino presentar en forma esquemática sus ejes principales aproximándolos a la tres distinciones lacanianas de la identificación: ***simbólica***, *imaginaria* y *fantasmática*. Así, podemos establecer un cuadro de correspondencias:

1. *Identificación parcial con el rasgo del objeto*

Ante todo, la más estudiada de todas las identificaciones parciales y punto de partida de los desarrollos la-

FREUD	LACAN
Identificación al *rasgo* del objeto	Identificación *simbólica* del sujeto a un significante
Identificación a la *imagen del objeto*	Identificación *imaginaria* del yo a la imagen del otro
Identificación al objeto en tanto *emoción*	Identificación *fantasmática* del sujeto al objeto en tanto emoción

Figura 2

Cuadro de correspondencias entre las categorías freudianas y lacanianas de la identificación

canianos, la identificación del yo con un *rasgo claramente discernible* de un ser desaparecido a quien estuvimos profundamente ligados. Aquí, el aspecto parcial del objeto es un rasgo saliente, y el objeto en sí mismo, un ser amado, deseado y perdido.* La modalidad identificatoria de la cual hablamos puede ser ilustrada de modo muy vívido: se trata de la identificación del yo con el rasgo de un objeto amado, deseado y perdido, luego con el mismo rasgo de un segundo objeto, de un tercero y por último con el mismo rasgo de toda la serie de los objetos amados, deseados y perdidos a lo largo de una vida. De esta manera, el yo se transforma en este rasgo repetido incansablemente en la sucesión de los objetos amados, deseados y perdidos en el curso de una existencia. Es como si uno se identificara con tal o cual detalle siempre reencontrado en cada uno de los *partenaires* de las diferentes relaciones que jalonaron la propia vida. Si suponemos, por ejemplo, que este rasgo es el timbre de una voz y que todos los seres que uno amó, deseó y perdió están marcados por una idéntica sonoridad vocal, concluiríamos entonces que el propio yo no es más que pura sonoridad, no es sino la singular inflexión de una voz múltiple y no obstante única. Si este yo pudiera hablar, declararía: "soy esa vibración sonora, ese timbre sin igual de una voz siempre reencontrada", o bien "soy esa sonrisa esbozada sin cesar en los rostros de mis amantes", o si no "soy esa mirada incomparable que me cautiva en cada ocasión". Es a esto a lo que Freud denomina "identificación regresiva": el yo establece primero un lazo con el objeto, se separa de él, se repliega, regresa

* Aquí empleamos la palabra "objeto" en su acepción más amplia, como la utiliza Freud y por comodidad de exposición, es decir, la del otro en tanto amado, deseado y perdido. Ahora bien, recordamos que, con toda rigurosidad, la palabra objeto designa tan sólo el rasgo saliente del otro amado, deseado y perdido. Vuelvo a insistir, el objeto es el rasgo saliente una vez inscrito en el inconsciente, y no la persona del otro del cual se separó ese rasgo. Esta precisión, que remite a la regla convenida con el lector en la página (Trad.: 145), es válida para todas las otras modalidades de identificación parcial.

y se disuelve en las huellas simbólicas de aquello que ya no está. Les pido que retengan muy cuidadosamente esta modalidad de identificación freudiana —la identificación con el rasgo distintivo—, porque sobre este tipo de identificación apuntalará Lacan las bases de su propia teoría de la identificación simbólica.

2. *Identificación parcial con la imagen global del objeto. El caso de la melancolía*

Una segunda modalidad de la identificación del yo con un aspecto parcial del objeto concierne en este caso no a un rasgo sino a *la imagen del objeto*. Es decir que la representación inconsciente del objeto amado, deseado y perdido es una imagen. Ahora bien, distingo dos tipos de imágenes: o bien me identifico —escribámoslo en primera persona del singular, como si fuera el yo inconsciente el que enunciara y hablara—, entonces, o bien me identifico con el aspecto-imagen global del objeto amado, deseado o perdido; o bien me identifico con el aspecto-imagen local del mismo objeto. El mejor ejemplo del primer caso —*identificacion con la imagen global*— es la identificación patológica que tiene lugar en la melancolía. Tomemos por ejemplo a aquel niño cuya intensa adhesión por un gato hizo de este último su compañero privilegiado en la realidad íntima y cotidiana. Un día, el niño se entera de la trágica muerte del animal; y una semana más tarde, ante el asombro general, presenta una conducta bizarra. Su cuerpo adopta un andar felino, lame, maúlla y se desplaza como un gato. Esta es una forma de identificación, muy importante clínicamente, que se observa con frecuencia en diversos síndromes melancólicos: el yo reproduce con fidelidad los perfiles y los movimientos de aquel que lo abandonó, y de esta manera se convierte en el igual de su imagen total. Esta notoria flexibilidad para vestir la piel del otro se puede explicar fácilmente: su fundamento es el narcisismo. La imagen del objeto amado, deseado y perdido, que el yo triste hace ahora suya, es en realidad su propia imagen a la cual había investido como si fuera la imagen del otro. El yo no encuentra otra piel que aquella amada antaño, porque al amarla se reflejaba en ella y se amaba a sí mismo. Si el niño melancólico se hace hoy el gato, es sin duda porque la imagen de su gato vivo era ya su propia imagen. Freud supo resumir el narcisismo de la identificación melancólica en una célebre y hermosa frase: "La sombra del objeto cae sobre el yo." La sombra del objeto amado, deseado y perdido, su imagen y al mismo tiempo imagen del yo, cae sobre el yo, lo recubre y lo disuelve.*

3. *Identificación parcial con la imagen local del objeto. El caso de la histeria*

Veamos ahora la tercera modalidad de la identificación parcial; el yo se identifica aquí con una imagen ya no global sino *local*. Esta modalidad identificatoria la encontraremos, modificada, en la teoría lacaniana con el nombre de *identificación imaginaria*. El yo opera una identificación con la imagen del otro considerado sólo en tanto que ser sexuado, o más exactamente con la imagen de la parte sexual del otro, o mejor aun —siguiendo una expresión de K. Abraham— con la imagen local de la región genital del otro. Esta expresión "región genital" es empleada por Abraham para indicar el lugar imaginario del sexo del otro, fuertemente investido por los pacientes histéricos en detrimento del resto de la imagen de la persona. Como si el sujeto histérico focalizara y precipitara todo su yo en el centro genital de la imagen del otro, anulando el resto de la imagen. No obstante, Abraham tam-

* Más bien que disolverlo, habría que haber dicho que la sombra del objeto *divide* al yo en dos partes, una parte fuera de la sombra —llamada superyó— que se desencadena contra la otra parte que quedó en la sombra, identificada con el objeto perdido. Cf. *Dostoyevsky y el parricidio* (*Op. cit.* págs. 3009-3010), como así también *Psicología de las masas y análisis del yo* (*Op. cit.* pág. 2588).

bién reconoce la posibilidad inversa: el histérico se identifica con la imagen total de la persona, pero desprovista de sexo; como si a nivel de los genitales la imagen estuviera opacada por una mancha blanca. Ahora bien, ya sea que estemos en presencia de un investimiento exclusivo y polarizado en el emplazamiento genital, o de un investimiento global de la imagen con excepción del emplazamiento genital, siempre se tratará de una identificación parcial puesto que está limitada siempre a una imagen trunca. Ya que incluso en la última variante de la identificación con la imagen global de la persona con excepción de su región genital, se tratará de una imagen parcial.

A fin de ilustrar mejor esta modalidad identificatoria, observemos el ejemplo clínico de la histérica; nos será muy útil para despejar con claridad las dos formas de identificación parcial a la imagen local del objeto: ya sea a su imagen reducida sólo al emplazamiento genital, y entonces el objeto será percibido como sexualmente *deseable;* ya sea a su imagen privada del emplazamiento genital, y en consecuencia el objeto será percibido como sexualmente *deseante* en la medida en que al estar agujereado tiende a completar su falta. Recordemos la intensidad con que Dora puede tomar ambos roles complementarios jugados por la Sra. K. (deseable) y por su padre (deseante), en la escena de su propio fantasma histérico. Primeramente, el rol en el cual la Sra. K. se revela como un objeto sexualmente *deseable* a los ojos del padre; la Sra. K., entonces, es reducida a la dimensión exclusiva de cosa sexual, de cosa sexualmente deseable para un amante masculino.[4] Pero recíprocamente, Dora puede jugar

4 Esta cosa sexualmente deseable en la que se convierte la Sra. K. es denominada *falo* por el psicoanálisis. Si retomamos la teoría lacaniana, la expresión completa sería "falo imaginario"; imaginario porque esta cosa en la cual se disuelve la Sra. K. ès el emplazamiento sexual —región genital— percibido en la imagen del otro. Nos apoyamos en la siguiente frase de Lacan: "... el falo, o sea la imagen del pene, es negatividad en su lugar en la imagen especular [del otro]" (Lacan, J.: *Escritos 2*, Argentina, Siglo XXI, 1975, pág. 802).

también el rol opuesto del *deseante* habitado por la falta; entonces, se identifica con su padre deseando a una mujer. Ahora bien, en este punto es importante aclarar que el impulso de este movimiento identificatorio con el deseante es imprimido por una tendencia fundamental del yo histérico a identificarse no sólo con un deseante que busca, sino también con un deseante que goza buscando, un deseante puro que goza estando en estado de deseo. Así, la identificación más inmediata de Dora con el padre deseante forma parte de una línea tendida hacia el horizonte intangible en donde se encontraría por fin la esencia enigmática de la femineidad. Por lo tanto, Dora intenta, más allá de todos los límites, alcanzar a la Sra. K. fantasmada ahora no ya como cosa deseable, sino como afectada por el deseo más elevado, el misterioso deseo femenino, puro deseo sin objeto asignable.

4. *Identificación parcial con el objeto en tanto emoción. El caso de la histeria*

Para terminar nuestro recorrido freudiano, abordemos ahora la última modalidad de la identificación parcial, apoyándonos nuevamente en otra variante de la relación histérica con los objetos del deseo.[5] Esta variante, bastante inadmisible para el pensamiento, tiene sin embargo una importancia clínica decisiva. En este caso, el yo histérico se identifica no sólo con la *imagen local del objeto* —ya sea la Sra. K. sexualmente deseable, ya sea el padre que desea a la dama— sino también con la *emoción* del orgasmo fantasmado por Dora en el momento de la unión de un hombre con una mujer. Ya en 1895, Freud no dudaba en hacer del ataque histérico el equivalente de un orgasmo. Cuando veáis desvanecerse a una histérica no dudéis —afirmaba categóricamente Freud—,

5 Más tarde encontraremos esta variante en las categorías lacanianas con el nombre de identificación fantasmática.

el sujeto no hace más que gozar, se identifica con la emoción sexual compartida por los *partenaires* de la pareja fantasmada; fantasmada, se entiende, en el dominio del inconsciente. Ya no basta con afirmar que el yo histérico se identifica con la imagen del otro sexualmente deseable, ni con aquella del otro sexualmente deseante; hay que ir aun más lejos y concluir —aunque ello parezca sorprendente— que hay una asimilación perfecta del yo al hecho mismo del goce de la pareja.

Debemos precisar aquí que, desde el punto de vista metapsicológico, no podemos considerar esta identificación con el goce como una identificación del yo con una forma de la representación inconsciente, como era el caso en las anteriores categorías de identificaciones parciales. En efecto, para ser estrictos, el goce no está representado en el inconsciente, su representación falta y, en consecuencia, la identificación del yo con el goce debe ser concebida como una identificación del yo con una ausencia de representación, y no con un aspecto de la representación. En este caso de identificación histérica con el goce, ya no podemos traducir el vocablo "objeto" por "representación inconsciente", sino que debemos traducirlo por "falta de representación". Entonces, afirmar que el yo se identifica con el objeto en tanto emoción, significa aquí que el yo va al lugar de un agujero en la trama de las representaciones psíquicas inconscientes. Esta observación nos será muy útil para comprender la identificación lacaniana operada en el seno de un fantasma.

Como quedó expuesto, en la unidad de una única entidad clínica, la histeria, hallamos contenida la diversidad de las tres variantes de la identificación del yo con un aspecto parcial del objeto. Ninguna otra estructura clínica encierra una pluralidad tan neta de identificaciones parciales, irreductibles entre sí y al mismo tiempo complementarias. En definitiva, la histeria consiste en la asunción, uno a uno, de todos los lugares del cortejo sexual, de todas las posiciones relativas al deseo. Todo sueño, síntoma o fantasma histérico condensa y actualiza una triple identificación: identificación con el objeto deseado, con el objeto deseante, y finalmente, identificación con el objeto de goce de los dos amantes. Por lo tanto, a la pregunta más general acerca de la naturaleza del objeto de la identificación histérica, habría que responder: el objeto no es la mmujer amada, ni el hombre amante, ni tampoco su común emoción sexual, sino todo ello conjunta y simultáneamente. En una palabra, el objeto central del deseo de la histérica no es un objeto determinado sino la *relación*, el intervalo que une a ambos *partenaires* de la pareja fantasmada.

*

* *

Las categorías lacanianas de la identificación

Luego de este necesario esbozo de la teoría freudiana de la identificación, vayamos al enfoque lacaniano propiamente dicho.

Ya dijimos que el concepto lacaniano de identificación responde a una encrucijada teórica más radical que la encrucijada freudiana. Para Lacan, la identificación designa el nacimiento de un nuevo lugar, la emergencia de una nueva instancia psíquica. De acuerdo con la naturaleza de este lugar podemos distinguir dos categorías de identificaciones: la primera está en el origen del *sujeto del inconsciente* y la denominamos identificación *simbólica*; la segunda está en el origen del *yo* y la denominamos identificación *imaginaria*. Debemos agregar, además, una tercera categoría más particular que no concierne exactamente a la producción de una nueva instancia, sino a la institución de un complejo psíquico denominado fantasma; consecuentemente, a esta última modalidad identificatoria la llamamos *fantasmática*.

Quisiera presentarles estas tres modalidades de la identificación lacaniana, definiendo sucesivamente los elementos intervinientes. Los componentes de la identificación simbólica son el significante y el sujeto del inconsciente; los de la identificación imaginaria son la imagen y el yo; finalmente, los de la identificación fantasmática son el sujeto del inconsciente y el objeto *a*. A lo largo de la definición de estos elementos se irán esclareciendo las tres categorías de la identificación.

*
*   *

Identificación simbólica del sujeto con un significante: nacimiento del sujeto del inconsciente

Comencemos por el significante. ¿Qué es un significante? El término significante no designa cosa alguna de una realidad tangible y observable de modo directo; responde más bien a la necesidad del psicoanálisis de abstraer y de formalizar determinados hechos —éstos sí observables— que se reproducen y se repiten con insistencia a lo largo de la vida. Un significante es una entidad estrictamente formal referida de modo indirecto a un hecho que se repite, y definida por relaciones lógicas con otras entidades igualmente significantes. En suma, la categoría "significante" está determinada por tres referencias.

Un significante es una entidad formal. ❑ Primeramente, el significante es la referencia indirecta de un hecho repetitivo observable, consistente en una equivocación o en un acto involuntario en la conducta conciente de un individuo. El significante representa en el orden formal y abstracto el hecho concreto de una confusión que sorprende y excede al ser parlante. Por ejemplo, si cometo un lapsus, puedo llamarlo significante porque no obstante ser una manifestación producida en mí, sin embargo se me escapa, me sorprende y revela a los otros y en ocasiones a mí mismo un sentido que hasta ese momento se mantenía oculto. Por lo tanto, la primera referencia en la definición de un significante remite al advenimiento de una confusión reveladora de mi deseo; una confusión surgida tan a propósito y tan oportunamente que se me ofrece, fuera de mí, como mi propia verdad. Cabe observar que el significante puede presentarse bajo una gran variedad de formas indistintamente, o más bien que puede formalizar una gran variedad de hechos. El significante puede ser una palabra, un gesto, el detalle de un relato, la inspiración de un poema, la creación de un cuadro, un sueño, incluso un sufrimiento o también un silencio. Todas estas manifestaciones humanas pueden ser calificadas legítimamente como significantes con la estricta condición de que sean la expresión involuntaria de un ser parlante.

Un significante jamás existe solo. ❑ La segunda referencia del significante, que nos permitirá situar la identificación simbólica de modo más específico, es ya no fáctica sino exclusivamente formal. Concierne a la articulación lógica entre, por una parte un significante referido a un acto no intencional tomado aisladamente en el momento de su advenimiento, y por otra a todos los significantes que marcan otros actos semejantes pasados o por venir. El valor formal de un significante radica en su pertenencia a una serie de otros significantes, siendo cada uno de ellos la formalización abstracta de una confusión pasada o futura. *Por lo tanto el significante jamás existe solo, es siempre uno entre otros.* Hay un aforismo lacaniano que resume bien esta relación formal entre un significante y la serie a la cual pertenece: un significante sólo es significante para otros significantes. Es decir que un significante sólo tiene valor —valor formal entonces— si forma parte de un conjunto de unidades idénticas a él. En consecuencia, cuando califiquemos a tal o cual equivocación como significante, deberemos pensarla no como única y solitaria, sino contarla como un acontecimiento necesariamente enlazado a otros acontecimientos del mismo orden.

El sujeto del inconsciente es el nombre de una relación abstracta entre un significante y un conjunto de significantes. ❑ La tercera referencia que define al significante, más formal aun que la precedente, nos introducirá de modo directo al centro del mecanismo de la identificación simbólica o, para ser más exactos, al nacimiento del sujeto del inconsciente. Según Lacan, cuando un acontecimiento significante tiene lugar —articulado siempre a otros significantes— se produce un efecto singular que toma el nombre de sujeto del inconsciente. A pesar de este vocablo "sujeto" que se presta a confusiones, la expresión lacaniana "sujeto del inconsciente" no designa a la persona que se equivoca al hablar ni tampoco a su yo conciente o inconsciente, sino que nombra a una instancia sumamente abstracta y finalmente no subjetiva. El sujeto del inconsciente es una función prácticamente semejante a las funciones matemáticas, ya que, estrictamente, se define en el marco de una correspondencia establecida entre el acontecimiento significante actual y todos los otros acontecimientos significantes pasados o por venir, ordenados virtualmente en una serie articulada. Dicho de otra manera, el sujeto del inconsciente es el nombre con el cual designamos la experiencia concreta de una confusión cuando pensamos dicha experiencia en el registro formal y la contamos como un significante actual en su relación con otros significantes virtuales. Entonces, el ser del sujeto se reduciría a una pura relación entre un elemento y un conjunto definido. Pero, ¿por qué denominar con el nombre sujeto —vocablo que connota un sentido tan evocativo— a una relación formal tan fríamente lógica? Es justamente la respuesta a esta pregunta la que nos introducirá nuevamente en el mecanismo de la identificación simbólica.

El sujeto del inconsciente es un rasgo ausente de mi historia y que sin embargo la marca para siempre. ❑ Comencemos por examinar más cuidadosamente en qué consiste esta relación entre un significante actual y los otros significantes virtuales. Si, estando ubicados justo en el momento doloroso del advenimiento inesperado de un síntoma, volvemos a pensar en todas las otras ocasiones en que vivimos el mismo sufrimiento, entonces descubriríamos que, más allá de las circunstancias muy diferentes, aparece un detalle invariable que marca todos esos momentos de dolor. Lacan denomina a este elemento común, a este signo distintivo que se repite en cada uno de los acontecimientos significantes más allá de sus diferencias, *rasgo unario*. Rasgo porque marca cada instante repetido; unario porque es el Uno que unifica y reúne los diferentes significantes sucesivos. No dejaremos de reconocer en este término "rasgo" el mismo vocablo que Freud empleara para caracterizar la identificación regresiva o la identificación del yo con el rasgo distintivo del objeto. Mientras que Freud busca el yo en el rasgo que se repite y relaciona en un conjunto a seres amados, deseados y perdidos, Lacan pasa a un registro más abstracto, enumera a las personas amadas y perdidas como significantes seriados, aísla su rasgo común y, finalmente, encuentra el sujeto del inconsciente. Por lo tanto, el sujeto del inconsciente no es tan sólo el nombre de una relación entre un acontecimiento actual y otros acontecimientos virtuales, sino que es el nombre de la marca invariablemente presente a lo largo de una vida. El sujeto del inconsciente es más que una relación, es en sí mismo el rasgo que unifica el conjunto de los significantes.

La identificación simbólica consiste justamente en la emergencia del sujeto del inconsciente, entendida como la producción de un rasgo singular que se distingue cuando retomamos uno a uno todos los significantes de una historia. Por cierto, hubiéramos podido establecer el paralelo con Freud y decir: mientras que Freud busca el yo en el rasgo común a los objetos amados y perdidos, Lacan busca el sujeto en el rasgo común a los significantes. Esto hubiera sido legítimo, pero tan sólo a medias, ya que existe una diferencia radical entre ambos autores. Lacan no sólo se sitúa en el campo estricto de la lógica, sino que además lleva el formalismo al punto de extraer el rasgo unificante del conjunto al cual unifica. El rasgo, siendo un elemento separado y exterior al conjunto por él unificado, jamás será reconocido entre las unidades reunidas y enumerables. Volviendo al ejemplo de aquel que piensa en su pasado y cuenta la serie de los acontecimientos dolorosos que jalonaron su historia, es muy natural que olvide incluir el rasgo distintivo que marca todos estos acontecimientos. Sergio puede recordar muy bien su separación de Ana, la ruptura con Laura y su divorcio con Sandra; sin embargo, sólo muy tarde reconocerá cuánto se parecían estas tres mujeres en el timbre de voz. Pero lo que es más importante, probablemente nunca reconozca hasta qué punto residía su propia singularidad, la identidad más íntima y desconocida de sí mismo, en esa singularidad percibida en sus *partenaires*. Cuando Sergio enumera los momentos de su vida, no sabe contarse a sí mismo, ya que en la cuenta se olvida. Ahora bien, el sujeto del inconsciente es, precisamente, ese "sí mismo" olvidado en la cuenta. Sergio se olvida ya que no puede darse cuenta de que es él mismo el rasgo sonoro de la voz de las mujeres amadas, el rasgo unario irremediablemente ausente de la cuenta. Puesto que este rasgo no es pasible de ser contado, es llamado por Lacan el *Uno-en-menos*. ¿En menos de qué? En menos del conjunto contado. He aquí, pues, en qué consiste la identificción simbólica: el sujeto del inconsciente está identificado con un rasgo, siempre el mismo, que jalona invariablemente una vida significante y que, no obstante, está sustraído de esa vida. Precisamente, *la identificación simbólica designa la producción del sujeto del inconsciente como un sujeto en menos en una vida*. Formulémoslo de otra manera respondiendo a la pregunta: ¿qué hay que entender por sujeto del inconsciente? El sujeto del inconsciente *es* un sujeto en menos en la vida de alguien, el rasgo ausente, exterior a esta vida, y que sin embargo la marca para siempre. Por lo tanto, la singularidad de una vida significante está dada por una marca que nos es exterior. Este es el modo que tenemos de existir en el inconsciente: existimos como una marca que nos singulariza y de la cual, sin embargo, estamos desposeídos. Justamente, es esta desposesión, esta sustracción de nuestra vida de un rasgo único e íntimo denominado sujeto, lo que condujo a Lacan a utilizar el término *privación:* en el inconsciente, la vida está privada del rasgo simbólico que desde afuera la singulariza, es decir, privada del sujeto del inconsciente.

*
* *

A fin de disipar algunos malentendidos terminológicos, me gustaría recordar brevemente las otras fórmulas con las cuales los psicoanalistas lacanianos nombran al rasgo unario. Cada una de las siguientes expresiones: *ideal del yo* y *falo,* sitúa el rasgo unario en un contexto diferente y, en consecuencia, concibe de modo distinto la identificación simbólica. Cuando esta instancia es llamada *rasgo unario,* la inscribimos en el contexto de la repetición de los significantes; cuando se la nombra *ideal del yo,* la pensamos como el referente constante que regula las sucesivas identificaciones del yo con las imágenes; y finalmente, cuando se la denomina *falo,* la concebimos como el referente que ordena las distintas modalidades de satisfacción sexual. En suma, se trata siempre de la misma instancia exterior al conjunto por ella regulado, y a la cual le damos el nombre de *rasgo unario* cuando el conjunto de que se trata es un conjunto de significantes, el de *ideal del yo* cuando el conjunto es el de las imágenes y finalmente el de *falo* cuando el conjunto es el de los diferentes modos que adopta la sexualidad.

*
* *

Identificación imaginaria del yo con la imagen del otro: nacimiento del yo

Abordemos ahora el modo de identificación que denominamos imaginaria y que determina la estructura del yo. Una vez más, encontramos la encrucijada teórica que condujo a Lacan a designar con el nombre de identificación al proceso de formación de una instancia psíquica nueva, en este caso el yo. En el momento inaugural de este proceso formador, denominado por Lacan estadio del espejo, el yo es antes que nada un bosquejo, la huella que dejó en el niño una excepcional experiencia perceptiva. En ese momento el niño está capturado como no volverá a estarlo jamás por el impacto fulgurante que provoca en él la visión *global* de su imagen reflejada en el espejo. En ese momento, y sólo en ese momento, el yo es solamente la huella del *contorno* de la imagen unitaria del niño, el boceto —simplemente una línea— de la forma humana del hombrecito.* Esta estructura originalmente vacía que denominamos yo-boceto se irá consolidando a medida que aparezcan otras experiencias imaginarias, ya no globales sino parciales. Este primer yo-boceto será el marco simbólico que contendrá todas las imágenes sucesivamente percibidas constitutivas del yo-imaginario.

En la teoría lacaniana el yo-imaginario no se confunde con la conciencia de sí, ni con una de las tres instancias tópicas despejadas por Freud (yo, superyó, ello), sino que se define como una estratificación incesante de imágenes inscritas continuamente en nuestro inconsciente. Para comprender lo que es el yo y cómo se forma a lo largo de las sucesivas identificaciones imaginarias, hay que admitir primero que, para el psicoanálisis, el mundo exterior no está compuesto por cosas y por seres sino que está compuesto fundamentalmente por imágenes. Cuando creemos percibir un objeto, nuestro yo sólo percibe la imagen del objeto. Así, entre el yo que se nutre de imágenes y

* Para ser rigurosos debemos establecer una precisión. Lacan consideraba el estadio del espejo como formador del yo *(Je)* y no del yo *(moi)* como se podría interpretar a partir del texto. Nuestro texto no se contradice con la teoría de Lacan, con la condición de que se comprenda correctamente que denominamos yo *(Je)* a este primer boceto del yo (*moi*) que más tarde se transforma en una instancia simbólica representativa del sujeto del inconsciente.

el mundo —fuente de imágenes— se extiende una dimensión imaginaria única, sin fronteras, en la cual el mundo y el yo son una sola y misma cosa hecha de imágenes. Si aceptamos estas premisas lacanianas, reconoceremos que, tratándose del yo, la distinción interior/exterior queda abolida: el yo se aloja allí en la imagen exterior en apariencia, la de mi semejante por ejemplo, más bien que en el sentimiento consciente de mí mismo.

Sin embargo, las imágenes constitutivas del yo-imaginario no son imágenes cualesquiera. Para Lacan, el yo se estructura siguiendo una estratificación bien ordenada de imágenes sucesivas, siendo cada una de ellas percibida con la pasión del odio, del amor y de la ignorancia. El yo sólo se identifica de modo selectivo con las imágenes en las cuales se reconoce, es decir, con imágenes pregnantes que con mayor o menor proximidad evocan apasionadamente la figura humana del otro, su semejante. Pero, ¿qué es lo que enlaza afectivamente al yo con estas imágenes elegidas del otro, convertidas en su única sustancia? No basta con definir al yo como el precipitado de las imágenes devueltas por otro, es preciso además circunscribir lo que de estas imágenes lo cautivan con pasión hasta constituirlo.

La única cosa que cautiva, atrae y aliena al yo en la imagen del otro es precisamente aquello que no se percibe en la imagen, a saber, la parte sexual de ese otro. La verdadera captación imaginaria del yo no es aquella operada por la imagen sino por la parte no perceptible, negativizada de la imagen. Es con esta parte agujereada en la imagen con la que el yo se identifica realmente. Con esto es con lo que quisiéramos concluir: la identificación imaginaria que da origen al yo es más que una serie de imágenes sucesivas, es, fundamentalmente, la fusión del yo con la parte agujereada de la imagen del semejante.

*

* *

Retomemos puntualmente nuestras principales proposiciones acerca de la identificación imaginaria:

- El yo imaginario se forma en el interior del marco del "yo *(je)*" simbólico inaugurado en el momento del estadio del espejo.
- Para el yo, el mundo no es más que imágenes. Por lo tanto, hay continuidad y constancia entre él y el mundo. El yo se aloja allí, en la imagen exterior en apariencia, y el mundo está en el yo, en la imagen más íntima en apariencia.
- No todas las imágenes del mundo son constitutivas del yo. El yo sólo percibe las imágenes en las cuales se reconoce, es decir, imágenes pregnantes que con mayor o menor proximidad evocan apasionadamente la figura humana del otro, su semejante.
- La parte imaginaria del semejante que atrae la percepción del yo y lo aliena no es, hablando con propiedad, la forma humana en general sino todo aquello de la imagen que está connotado como sexual.
- El narcisismo inherente a la identificación imaginaria del yo no se reduce a la simple fórmula "amarse a sí mismo a través de la imagen del otro". El yo-Narciso debería definirse más bien según la fórmula: "amarse a sí mismo como se ama el sexo de la imagen del otro", o de modo más directo, "me amo como amo a mi sexo".

En suma, el yo sólo se forma en las imágenes pregnantes que con mayor o menor proximidad le permitan volver sobre sí mismo y confirmar su naturaleza imaginaria de ser sexual.

*
* *

Identificación fantasmática del sujeto con el objeto: nacimiento de un complejo psíquico denominado fantasma

Para terminar, trataremos este tercer modo de identificación parcial que define la estructura del fantasma inconsciente. Para Lacan, un amplio espectro de formaciones clínicas que van desde los ensueños diurnos hasta algunos delirios, se explicaría siguiendo una matriz formal compuesta por dos términos: el sujeto del inconsciente cuyo estatuto de entidad formal acabamos de justificar, y el objeto, caracterizado hasta este momento como siendo la emoción sexual con la cual se identifica el yo histérico, y que ahora vamos a definir mejor. La relación entre estos dos términos se reduce, en lo esencial, a una asimilación del uno al otro, expresada por la fórmula $\$ \lozenge a$; en donde el *losange* indica la operación misma de la identificación del sujeto con el objeto.

A fin de comprender la naturaleza de este objeto *a* con el cual se identifica el sujeto, y así conocer el principal resorte de la identificación fantasmática, tomemos el ejemplo de un fantasma que se exprese no por medio del relato de un paciente en cura analítica, sino mediante una acción motriz efectuada concretamente en el espacio y el tiempo. Cabe observar que el fantasma inconsciente puede manifestarse tanto por la intermediación de palabras como, de modo más directo, bajo la forma de un accionar. Veamos el caso de un niño de diez años sujeto a frecuentes accesos de cólera, presa de una gran excitación motriz y capaz de destruir el primer objeto al alcance de su mano. Durante esos momentos marcados por gritos y llantos, amenaza a sus padres con matarse con un cuchillo o con arrojarse por la ventana; amenaza que en varias ocasiones intentó llevar a cabo.

Planteémonos ahora la pregunta: en esta corta evocación clínica, ¿dónde reconocer el lugar del objeto *a*, y cómo explicar la identificación fantasmática? Para situar correctamente el objeto, nos es preciso ante todo distinguir con claridad el *afecto* dominante en un fantasma (aquí el odio y la cólera manifiestos) y la *tensión psíquica inconsciente* no observable, en el origen del fantasma. En lo que respecta a esta última, seamos más exactos. La tensión que la actividad pulsional busca descargar a través del fantasma exteriorizado mediante la agitación motriz sigue en realidad un doble destino. Por una parte, es descargada, en efecto, al transformarse en fuerza muscular y, por otra, permanece a la espera, errante en el espacio psíquico. Una parte, entonces, es metabolizada en fantasma y la otra permanece como un resto irreductible que alimenta y arrastra continuamente a la pulsión por la vía de la descarga, es decir por la vía de producir nuevos fantasmas. Digamos en un primer acercamiento que el objeto, según Lacan el objeto *a*, coincidiría justamente con ese plus de energía constante, no convertible en fantasma, pero no obstante causa de fantasmas por venir.

Volvamos a situar el lugar del objeto pero cambiando de perspectiva. Ubiquémonos ahora desde el punto de vista no ya de la causa y del origen sino de la función del fantasma como producto psíquico ya elaborado. En efecto, el fantasma es una formación psíquica, un producto destinado a mantener —a la manera de un señuelo— el empuje de la pulsión, y de esta manera a evitar que la pulsión alcance el límite hipotético de un goce intolerable que significaría la descarga total de la energía pulsional. Así, la función del fantasma inconsciente es la de impedir el acceso a un goce absoluto y la de satisfacer parcialmente a la pulsión, a costa de mantener siempre vivo ese excedente de energía que el fantasma no logró canalizar. Como si en el momento del acceso, el niño del fantasma exclamara: "¡Prefiero dejarme llevar por la pulsión de destruir o destruirme, y mantener en mí una excitación inextinguible, antes de disolverme en el vaciamiento sin límite de una descarga pulsional completa!" O también: "Prefiero sufrir en mi acceso y satisfacer la pulsión de modo parcial antes que desaparecer bajo el peso de un sufrimiento infinito." En una palabra, el fantasma es una defensa, una protección del yo del niño contra el temor de aniquilamiento representado por la descarga total de sus pulsiones. Esto al precio de hacerlo sufrir al arrastrarlo a una crisis motriz eventualmente peligrosa, y sin que jamás quede por completo resuelta una fuerza pulsional siempre activa.

Pero el objeto no es tan sólo un excedente de energía pulsional a la deriva, que está en el origen de diversas formaciones psíquicas. Es, ante todo, una tensión de naturaleza sexual, en la medida en que está enlazada a una fuente corporal erógena, a una parte erotizada del cuerpo, presente siempre en el seno de un fantasma. En el ejemplo clínico que nos ocupa, la satisfacción pulsional —o más bien la parte de energía descargada— se hace posible gracias a la movilización del conjunto de los músculos que, con ocasión del acceso motor, se convierten en la región corporal eminentemente sexualizada. Pongámonos de acuerdo. Ya sea que la tensión pulsional sea transformada en fuerza muscular o que, por el contrario, permanezca no utilizada (objeto *a*), en el fondo es siempre de naturaleza sexual. La zona erógena del cuerpo marca con su sexualidad tanto el plus de energía no convertido como la energía descargada.

En consecuencia, el objeto *a* adoptará diferentes aspectos y llevará diferentes denominaciones según sea la zona erógena del cuerpo prevalente en el fantasma. Si la zona erógena dominante es la boca, el objeto *a* tomará la figura del seno y el fantasma se llamará fantasma oral; si la zona es el ano el objeto tomará la forma excremental y el fantasma será caracterizado como un fantasma anal; si la región erógena está localizada en el ojo, el objeto revestirá la figura de la mirada y el fantasma será denominado "fantasma escópico"; etcétera. En el caso clínico de este niño destructor y autodestructor, la fuente erógena dominante corresponde a toda la masa muscular, el objeto toma la forma del dolor inconsciente, y finalmente el fantasma se denomina fantasma sadomasoquista. En suma, las crisis de cólera sufridas por el niño actualizan un fantasma organizado en torno a este objeto central *a* que es el goce inconsciente de sentir dolor.

Pero una vez dicho todo esto, ¿cuál es el lugar de la identificación en el fantasma? Anteriormente, subrayamos que el mecanismo estructurante de un fantasma se resume en la identificación del sujeto con el objeto. Sostener que el sujeto se identifica con el objeto ($\$ \diamond a$), o que en el fantasma el sujeto *es* el objeto, significa, sencillamente, que en el momento de la aparición de una formación fantasmática el sujeto se cristaliza en la parte compacta de una tensión que no llega a descargarse. Cuando el niño viva el momento culminante de su crisis, pensaremos que todo en él es dolor, que él no es más que dolor, y que el dolor —polo central del fantasma— absorbe y condensa al ser del niño. Recordemos que esta asimilación radical, local y provisoria del sujeto al objeto-dolor es el mejor modo de defensa contra esta otra asimilación intolerable del sujeto a un sufrimiento infinito.

Fragmentos de las obras de S. Freud y de J. Lacan sobre la identificación

Selección bibliográfica sobre la identificación

Fragmentos de las obras de S. Freud y de J. Lacan sobre la identificación

Freud

La identificación no es una imitación

Así, pues, la identificación no es una simple imitación, sino una *apropiación* basada en la misma causa etiológica, expresa una equivalencia y se refiere a una comunidad que permanece en lo inconsciente (1899).[1]

*

Primeramente, la identificación es un enlace afectivo (identificación primaria), luego un sustituto de un enlace sexual (identificación regresiva); y finalmente, una capacidad para vivir "por contagio psíquico" una situación dramática (identificación histérica)

... 1º) la identificación es la forma primitiva del enlace afectivo a un objeto; 2º) siguiendo una dirección regresiva, se convierte en sustitución de un enlace libidinoso a un objeto, como por introyección de objeto en el yo; y 3º) puede surgir siempre que el sujeto descubre en sí un rasgo común con otra persona que no es [directamente] objeto de sus intenciones sexuales (1921).[2]

*

La identificación primaria es la identificación del yo al Padre de la horda primitiva

Además, el violento y tiránico padre constituía seguramente el modelo envidiado y temido de cada uno de los miembros de la asociación fraternal y al devorarlo [*absorción*] se identificaban con él y se apropiaban una parte de su fuerza (1913).[3]

*

En la identificación regresiva, el yo se separa del objeto, se repliega y se identifica al rasgo simbólico del objeto que ya no está

Cuando hemos perdido un objeto o hemos tenido que renunciar a él, nos compensamos, a menudo, identificándonos con él, erigiéndolo de nuevo en nuestro yo, de manera que, en este caso, la elección de objeto retroceda a la identificación (1933).[4]

*

Cuando se ha perdido un objeto amoroso, la reacción más obvia consiste en identificarse con él, como si se quisiera recuperarlo desde dentro (1938).[5]

*

En la identificación narcisista (ej. melancolía), el yo se identifica con la imagen de un objeto ya perdido y totalmente desinvestido de libido

De esta circunstancia deducimos que si bien ha retirado el melancólico su libido del objeto, se ha verificado, en cambio, un proceso —la *"identificación narcisista"*—, a resultas del cual ha quedado dicho objeto incorporado al *yo,* o sea proyectado sobre el (1917).[6]

*

En la melancolía, es reemplazado el investimiento del objeto perdido por una identificación a la imagen del objeto perdido

... sirviendo (la libido) para establecer una identificación del yo con el objeto abandonado. La sombra del objeto cayó así sobre el yo; este último, a partir de este momento, pudo ser juzgado por una instancia especial, como un objeto, y en realidad como el objeto abandonado (1915).[7]

*

La identificación con el padre muerto es una identificación fantasmática

El síntoma temprano de los "ataques de muerte" [epilepsia] se nos explica así como una identificación con el padre [muerto], tolerada por el superyo con un fin punitivo (1928).[8]

*
* *

Lacan

En la identificación imaginaria, el yo se aliena en la imagen del otro

... la serie de fenómenos tales, que van desde la identificación espectacular hasta la sugestión mimética y la seducción de prestancia (...) se inscriben en una ambivalencia primordial que se nos presenta *en espejo,* en el sentido de que el sujeto se identifica en su sentimiento de

Sí con la imagen del otro, y la imagen del otro viene a cautivar en él este sentimiento.[9]

*

Después de la identificación primaria y la identificación regresiva del yo al rango del objeto, la identificación histérica es el tercer modo de identificación establecido por Freud. Consiste en la identificación fantasmática del sujeto al objeto en tanto emoción, y tiene por función satisfacer el deseo

... ese tercer modo de identificación que condiciona su función de sostén del deseo y que especifica por lo tanto la indiferencia de su objeto.[10]

*

El fantasma es una identificación del sujeto con el objeto: **$ ◊ a**

Pues esos objetos, parciales o no, pero sin duda alguna significantes, el seno, el excremento, el falo, el sujeto los gana o los pierde sin duda, es destruído por ellos o los preserva, pero sobre todo *es* esos objetos, según el lugar donde funcionan en su fantasía fundamental, y ese modo de identificación no hace sino mostrar la patología de la pendiente a que se ve empujado el sujeto... [11]

*

*   *

Referencias de los fragmentos citados

[1] *La interpretación de los sueños,* Madrid, Biblioteca Nueva, 1973. *Obras completas,* tomo I, pág. 439

[2] *Psicología de las masas y análisis del yo,* Madrid, Biblioteca Nueva, 1973. *Obras completas,* tomo II, cap. VII "La identificación", págs. 2.586-2.587.

[3] *Tótem y tabú,* Madrid, Biblioteca Nueva, 1973. *Obras completas,* tomo II, cap. IV "Retorno infantil al totemismo", pág 1.838.

[4] "Disección de la personalidad psíquica", en *Nuevas lecciones introductorias al psicoanálisis,* Madrid, Biblioteca Nueva, 1973. *Obras completas,* tomo III, pág. 3.136.

[5] *Compendio del psicoanálisis,* Madrid, Biblioteca Nueva, 1973. *Obras completas,* tomo III, pág. 3.409.

[6] "La teoría de la libido y el narcisismo" en *Lecciones introductorias al psicoanálisis,* Madrid, Biblioteca Nueva, 1973. *Obras completas,* tomo II, pág. 2.389.

[7] *Duelo y melancolía,* Madrid, Biblioteca Nueva, 1973. *Obras completas,* tomo II, pág. 2.095.

[8] *Dostoyevsky y el parricidio,* Madrid, Biblioteca Nueva, 1973. *Obras completas,* tomo III, pág. 3.009.

[9] "Acerca de la causalidad psíquica" en Escritos I, Buenos Aires, Siglo XXI, 1975, pág. 171.

[10] "La dirección de la cura y los principios de su poder" en *Escritos II,* Buenos Aires, Siglo XXI, 1975, pág. 619.

[11] *Ibíd.,* pág. 594.

Selección bibliográfica sobre la identificación

FREUD, S.

1987 *La naissance de la psychanalyse,* P.U.F., 1956, pág. 161, 176. [Hay versión castellana: *Los orígenes del psicoanálisis,* Madrid, Biblioteca Nueva, 1973, *Obras completas,* tomo III.]

1899 *L'interprétation des rèves,* P.U.F., 1967, pág. 137. [Hay versión castellana: *La interpretación de los sueños*, Madrid, Biblioteca Nueva, 1973, *Obras completas,* tomo III.]

1907 Sigmund Freud y C. G. Jung, *Correspondance* (1906-1914), Gallimard, 1975, tomo I, pág. 155.

1913 *Totem et Tabou,* cap. IV ("Le retour infantile du totemisme"), Payot, 1973, pág. 163. [Hay versión castellana: *Tótem y tabú,* "Retorno infantil al totemismo", Madrid, Biblioteca Nueva, 1973, *Obras completas,* tomo II.]

1915 "Deuil et mélancolie", en *Œuvres complètes,* tomo XIII, P.U.F., 1988, pág. 268. [Hay versión castellana: *Duelo y melancolía,* Madrid, Biblioteca Nueva, 1973, *Obras completas,* T. II.]

1917 *Introduction à la psychanalyse,* Payot, 1981, pág. 404. [Hay versión castellana: *Lecciones introducto-*

rias al psicoanálisis, Madrid, Biblioteca Nueva, 1973, *Obras Completas,* tomo II.]

1921 "Psychologie des foules et analyse du moi", cap. VII ("L'identification"), en *Essais de psychanalyse,* Payot, 1981. [Hay versión castellana: "La identificación" en *Psicología de las masas y análisis del yo,* Madrid, Biblioteca Nueva, 1973, *Obras completas,* tomo III.]

1928 "Dostoïevski et le parricide", en *Résultats, Idées, Problèmes II,* P.U.F., 1985, pág. 170. [Hay versión castellana: *Dostoyevsky y el parricidio,* Madrid, Biblioteca Nueva, 1973, *Obras completas,* tomo III.]

1933 "La décomposition de la personnalité psychique", en *Nouvelles Conférences d'introduction à la psychanalyse,* Gallimard, 1984, págs. 88-89. [Hay versión castellana: "La disección de la personalidad psíquica" en *Nuevas lecciones introductorias al psicoanálisis,* Madrid, Biblioteca Nueva, 1973, *Obras completas,* tomo III.]

"Angoisse et vie pulsionnelle", en *Nouvelles Conférences d'introduction à la psychanalyse, op. cit.,* pág. 123. [Hay versión castellana: "La angustia y la vida instintiva", en *Nuevas lecciones introductorias al psicoanálisis, op. cit.*]

1938 *Abrégé de psychanalyse,* P.U.F., 1949, págs. 10, 61-62, 65. [Hay versión castellana: *Compendio de psicoanálisis,* Madrid, Biblioteca Nueva, 1973, *Obras completas,* tomo III.]

LACAN, J.

L'identification (seminario inédito), lecciones del 15 de noviembre de 1961, del 6 de diciembre de 1961 y del 28 de marzo de 1962.

Problèmes cruciaux pour la psychanalyse (seminario inédito), lección del 13 de enero de 1965.

Ecrits, Seuil, 1966, págs. 88-91, 94-97, 106-107, 111, 113, 115, 117, 181, 614, 639, 733, 853. [Hay versión castellana: *Escritos I y Escritos II,* México, Siglo XXI, 1970 y 1978 respectivamente.]

*
* *

ABRAHAM, K., *Œeuvres complètes,* II, Payot, 1966, págs. 307-308.

DOLTO, F. y NASIO, J. D., *L'enfant du miroir* (identification du stade du miroir), Rivages, 1987, págs. 42-47. [Hay versión castellana: *El niño del espejo. El trabajo psicoterapéutico,* Buenos Aires, Gedisa, 1987.]

DOR, J., *Introduction à la lecture de Lacan,* Denoël, 1985, tomo I, pág. 136 y sig. (sujeto dividido). [Hay versión castellana: *Introducción a la lectura de Lacan,* Buenos Aires, Gedisa, 1987, 2ª ed.]

ETCHEGOYEN, R. y col., *Revue française de psychanalyse,* 1984, tomo 48, Nros. 3-4, págs. 825-873.

GADDINI, E., "On imitation", *International Journal of Psychoanalytic Association,* 1969, 50, págs. 475-484.

KRIS, E. y col., "Panel on: Problems of identification", *Journal of the American Psychoanalytic Association,* 1953, I, págs. 538-549.

MAJOR, R., "La formation du fantasme et sa réalité symbolique", en *Revue française de psychanalyse,* tomo 35, 1971, pág. 399.

MEISSNER, W. W., "Notas on identification", *Psychoanalytic Quarterly*, I, 39, págs. 563-589; II, 40, págs. 277-302; III, 41, págs. 224-260.

NASIO, J. D., *Les yeux de Laure. Le concept d'objet a dans la théorie de J. Lacan*, Aubier, 1987, págs. 100-106, 134-137, 139 (identificación simbólica y fantasmática).

6

El concepto de SUPERYO

El concepto de superyó

El superyó es tanto el enemigo del hombre como su amigo. No es exagerado decir que la vida psíquica del hombre está compuesta, esencialmente, por tenaces esfuerzos, ya sea para escapar al dominio del superyó, ya sea para soportar dicho dominio.

E. Jones

El origen de esta instancia soberana de la personalidad —descrita por Freud explícitamente en el marco de la segunda teoría del aparato psíquico (aparato compuesto por el yo, el ello y el superyó)—, se remonta al período de la desaparición del complejo de Edipo, a los cinco años aproximadamente. En esta época, la interdicción de realizar el deseo incestuoso que los padres imponen al niño edípico se transformará en el yo en un conjunto de exigencias morales y de prohibiciones que, de allí en más, el sujeto se impondrá a sí mismo. El psicoanálisis denomina superyó a esta autoridad parental internalizada en el momento del Edipo y diferenciada en el seno del yo como una de sus partes. Freud resumió en una única y muy conocida frase la esencia misma del superyó: "El superyó es el heredero del complejo de Edipo".

La génesis del superyó primordial y sus tres funciones inconscientes: prohibir, exhortar, proteger

¿Pero qué es lo que transmitió el Edipo a ese hijo psíquico que es el superyó? ¿Huella de qué es esta instancia? El superyó es la huella psíquica y duradera de la solución del principal conflicto de la escena edípica. Este conflicto, cuya salida será la resolución final del drama, consiste en una franca oposición entre la ley que prohíbe y la supuesta consumación del incesto. Entendámonos, el conflicto no se sitúa entre la ley interdictora y el deseo incestuoso del niño, sino entre esta ley y la satisfacción impensable, es decir, el goce que significaría la realización de dicho deseo. En otros términos, la ley no prohíbe el deseo, no puede impedir que el niño desee, prohíbe exclusivamente la plena satisfacción del deseo; en una palabra, *la ley prohíbe el goce.* Así, el conflicto del cual resulta el superyó, no se sitúa entre la ley y el deseo, sino entre la ley y el goce absoluto del incesto.

Pero entonces, ¿cómo se resolverá ese conflicto, o más bien, cómo se formará el superyó? El niño, por miedo a ser castrado, se somete resignado a la prohibición parental y acepta renunciar —con temor y odio— a concretar su deseo, pero no por ello queda el deseo suprimido. Ahora bien, ¿qué quiere decir exactamente la sumisón del niño a la prohibición, sino que asimila la ley y la hace psíquicamente suya? En otras palabras, una parte del yo se identifica con la figura parental intedictora, mientras que la otra continúa deseando; entonces, el niño se vuelve capaz —al precio de desdoblarse— de encarnar él mismo a un tiempo la ley y el deseo. La parte del yo que toma el lugar de ley interdictora de manera duradera constituye lo que denominamos el superyó. En consecuencia, el superyó es en la vida psíquica del adulto no sólo la huella permanente de la ley de prohibición del incesto, sino también el garante de la repetición, a lo largo de la existencia, de los tres gestos fundamentales que marcaron para el niño la salida del Edipo. Estos tres gestos son: *renun-*

ciar al goce prohibido, *mantener* su deseo hacia ese mismo goce considerado inaccesible y *salvar* su pene de la amenaza de la castración. En lugar de "*salvar* su pene", deberíamos ser más abarcativos y escribir: salvar su integridad física y psíquica del peligro de fragmentación que hubiera sobrevenido si el yo del niño hubiera accedido al goce trágico del incesto. Aquí debemos aclarar que "prohibido", "inaccesible" y "peligroso" son atributos que caracterizan un mismo goce, según diferentes perspectivas: está *prohibido* desde el punto de vista de la ley, es *inaccesible* desde el punto de vista del deseo, y *peligroso* para la consistencia del yo. Aclaremos también que, contrariamente a la afirmación de algunos autores, la prohibición del superyó no afecta en modo alguno al deseo. Más aun, da testimonio de la vitalidad del deseo puesto que el deseo, al no haber sido realizado, prosigue incansablemente su búsqueda de la satisfacción incestuosa, aunque esté prohibida. La existencia del superyó es sin duda un signo del vigor del deseo. No, el superyó no representa la desaparición del deseo, sino la renuncia a experimentar el goce que el niño hubiera conocido si el incesto hubiera tenido lugar.

Tal como queda expuesto, la instancia del superyó no se reduce a una pura y estricta representación psíquica de la ley, es, ante todo, la huella sin cesar renovada en el yo de los tres gestos que marcaron la declinación del complejo de Edipo. De esta manera, el superyó representa la renuncia al goce prohibido, la exaltación del deseo por un goce imposible, y la defensa de la integridad del yo no sólo contra la amenaza de castración, sino también contra el peligro del goce terrible del incesto. Si el superyó pudiera condensar en una sola fórmula imperativa estos tres principios, ordenaría el yo: "¡Desea el absoluto al cual deberás renunciar porque te está prohibido y es peligroso!" Estas funciones del superyó, prohibir el goce, exaltar el deseo y proteger la integridad yoica —funciones indisociables y antagónicas entre sí—, muestran hasta qué punto la instancia superyóica regula los movimientos del yo respecto del goce. Movimiento de despecho (odio) ante el goce prohibido, movimiento de atracción (amor) por el goce imposible,[1] y movimiento de repulsión (miedo) ante el goce terrorífico. Observemos también que, precisamente, la instancia superyóica está cargada con estos mismos afectos de odio, de amor y de miedo experimentados por el niño en el momento de la resolución final del complejo de Edipo. Más tarde, el odio originario se volverá severidad sádica del superyó y la angustia sentimiento de culpabilidad del yo.

*

* *

Las dos categorías del superyó primordial: el superyó-conciencia y el superyó-inconsciente tiránico

Acabamos de describir la génesis del superyó primordial y de establecer las tres funciones que ejerce de manera sorda —es decir, de manera inconsciente— en relación al yo. A partir de esta estructura básica, podemos concebir dos categorías radicalmente opuestas y no obstante coexistentes del superyó. Primero, reconocemos un superyó asimilado a la conciencia en sus variantes de conciencia moral, conciencia crítica y conciencia productora de valores ideales. Este superyó-conciencia corresponde a la definición clásica, que designa a la instancia superyóica como la parte de nuestra personalidad que regula

1 Precisemos aquí que la función superyoica de exhortación a un goce ideal se acerca al concepto psicoanalítico de ideal del yo. Habitualmente se considera a ambas nociones —superyó e idel del yo— como expresiones equivalentes, y con frecuencia el mismo Freud emplea indiferentemente la una o la otra. Su distinción ha sido objeto de un debate ya clásico en psicoanálisis. Siguiendo a Lacan, quien caracteriza al ideal del yo como exaltante y al superyó como coercitivo, proponemos considerar al primero como una aspiración espontánea por amor al ideal (ideal del yo), y al segundo como una aspiración obligada en respuesta a la imposición superyoica de alcanzar el ideal del goce (superyó).

nuestras conductas, nos juzga y se ofrece como modelo ideal. Así el yo, bajo la mirada de un escrupuloso observador, respondería a las exigencias concientes de una moral a seguir y de un ideal a alcanzar. La actividad conciente, generalmente considerada como una derivación racional del superyó primordial, se explica por la incorporación en el seno del yo no sólo de la ley de prohibición del incesto, sino también de la influencia crítica de los padres y, de modo progresivo, de la sociedad en su conjunto. Este superyó, considerado a la luz de sus tres roles de conciencia crítica, de juez y de modelo, representaría la parte subjetiva de los fundamentos de la moral, del arte, de la religión y de toda aspiración hacia el bienestar social e individual del hombre.

Sin embargo, el superyó-conciencia en su carácter espiritual, ideal y autocrítico no es más que una cara del superyó, tal vez la más conocida, pero también la más superficial y la menos importante para un psicoanalista. Si el superyó sólo fuera sinónimo de conciencia moral, ideal y crítica, dudaríamos en conferirle un lugar especial en el corpus de la teoría psicoanalítica. Ahora bien, el concepto de superyó es absolutamente crucial para dar cuenta de la existencia en nosotros de un otro superyó, no solo diferente sino exactamente opuesto a los principos racionales de la moral basada en la búsqueda del bien. Mientras que la actividad superyóica conciente participa de la promoción del bienestar, un otro superyó, cruel y feroz, es la causa de una gran parte de la miseria humana y de las absurdas acciones infernales del hombre (suicidio, asesinato, destrucción y guerra). El "bien" que este superyó salvaje nos ordena encontrar no es el bien moral (es decir, lo que está bien desde el punto de vista de la sociedad), sino el goce absoluto en sí mismo; nos ordena infringir todo límite y alcanzar lo imposible de un goce incesantemente sustraído. El superyó tiránico ordena y nosotros obedecemos sin saberlo, aun cuando con frecuencia ello conlleve la pérdida y la destrucción de aquello que nos es más caro.

Los excesos del superyó tiránico: condena (interdicción desmesurada), ordena (exhortación desmesurada), inhibe (protección desmesurada)

Mientras que, clásicamente, se asimila el superyó al superyó-conciencia, garante de la ley moral de la prohibición del incesto, descubrimos aquí un superyó distinto, instigador inconsciente y perverso que hechiza al yo con los encantos de un ideal de goce. Lo que este superyó salvaje representa a los ojos del yo —según Freud— es, no el sentido de la realidad exterior, sino el llamado irresistible del ello que incita al yo a violar la prohibición y a disolverse en un éxtasis más allá de todo placer. Precisamente, es éste el sentido de la fórmula propuesta por Lacan: "El superyó es el imperativo del goce —¡Goza!" El yo, acosado por el empuje superyóico, llega a veces a cometer acciones de una rara violencia contra sí mismo o contra el mundo. Por ejemplo, a menudo el acto homicida está dictado por el imperativo ciego de un superyó inexorable. Es erróneo creer que el superyó del criminal es débil: muy por el contrario, el más odioso homicidio es siempre la respuesta irreprimible a un aullido superyóico que ordena llevar el deseo a su extremo. Un extremo que, sin embargo, no es alcanzado jamás, puesto que deseo alguno, ni siquiera el asesino, alcanzará jamás el goce pleno. Un crimen, un suicidio, o cualquier otro acto violento y mortífero, representan tan sólo satisfacciones parciales en el camino que lleva al sujeto hacia el espejismo de la satisfacción absoluta. Esto permite comprender que, tal como lo escribiera Freud, en el superyó sólo reina una pura cultura de la pulsión de muerte.

No, el superyó no es únicamente el representante psíquico de una ley moral que apunta a nuestro propio bien y al bien de los otros (superyó-conciencia); no es tan sólo el representante de una ley simbólica inconsciente (superyó-primordial); es ante todo un semblante de ley, una ley inconsciente e insensata cuya intimación, más apremiante que cualquier mandato de la conciencia, nos ordena llevar el deseo hasta su último límite.

Pero el superyó-feroz no sólo se caracteriza por la desmesura de su exhortación, es igualmente desmesurado en su rol de interdictor del goce y de guardián de la integridad del yo. Las tres funciones superyóicas primordiales de exhortación, de interdicción y de protección sólo son asumidas por este superyó tiránico de modo violento y mórbido. La exhortación demasiado apremiante conduce, tal como lo expusimos, a realizaciones brutales de deseos homicidas o suicidas. La interdicción demasiado rigurosa conduce a manifestaciones absurdas de autocastigo, como aquellas propias a los estados patológicos como la melancolía, algunos delirios de autoacusación o incluso la entidad clínica designada por Lacan "paranoia de autocastigo". En este sentido, cabe observar que la condena ejercida por el superyó irracional es a tal punto excesiva, que goza con un placer sádico producido por la severidad de sus sanciones. Nos encontramos nuevamente ante la singular paradoja de ver al superyó restringir el goce por una parte, y por la otra gozar por ejercer la interdicción. Y finalmente, la tercera función abusiva del superyó radica en una protección tan celosa respecto del yo que conduce a comportamientos caracterizados por la inhibición. Por ejemplo, el superyó puede prohibir fácilmente a un hombre la relación sexual con su mujer representándosela como un peligro abominable.

La génesis del superyó tiránico: el superyó tiránico es el heredero de un trauma primitivo

También este superyó, tan desenfrenado en sus intimaciones, tan cruel en sus prohibiciones, tan sádico en su dureza, y tan celosamente vigilante, emerge —al igual que el superyó primordial— de una crisis en la cual el niño se ve confrontado con una prohibición. Ahora bien, no se trata aquí necesariamente de la crisis edípica, sino de cualquier traumatismo primitivo, sea cual fuere, padecido por el niño con independencia de su edad, cuando sus fantasmas le hace oír la voz de un adulto como una imposición brutal y desgarradora.* Aturdido, el niño siente el peso de la autoridad y de la intimidación parentales, sin comprender sobre qué recae en realidad la prohibición proferida por la voz fantasmada de los padres. El sentido de la prohibición, sentido que puede ser vehiculizado a través de cualquier palabra simbólica y estructurante, queda anulado por el sonido taladrante de la vociferación parental. El sonido fantasmado echa al sentido simbólico y se convierte en el seno del yo en el núcleo sonoro, aislado y errante, que constituye el asiento mórbido del superyó tiránico. Finalmente, la tela de que está hecho este superyó se reduce a un fragmento de voz a la deriva, a un objeto errático denominado, en la teoría lacaniana, "objeto *a*". A fin de dar cuenta de este rechazo de lo simbólico y de sus consecuencias imaginarias en el yo, Lacan recurre al concepto de forclusión, y explica que el rechazo de los mandatos de la palabra resurge bajo la forma de un boquete abierto en lo imaginario. Si pensamos el origen y la naturaleza del superyó tiránico según nuestra tesis sobre las formaciones del objeto *a*, reconoceremos en este superyó un caso ejemplar de formación de objeto *a* producida por forclusión.[2]

Por lo tanto, podemos reconocer al superyó tiránico una génesis específica distinguible de la del superyó primordial formado en el momento del Edipo.** Mientras que el superyó primordial se construye a partir de la incorporación de la imagen de la autoridad parental y de la inscripción en el yo de la ley de prohibición del incesto, el

* Cabe precisar que, ya en 1930, Melanie Klein y la Escuela inglesa habían sostenido por vez primera la formación precoz de un superyó vuelto particularmente voraz y cruel por los fantasmas orales y sádicos del lactante.

2 *Cf. Les yeux de Laure. Le concept d'objet a dans la théorie de J. Lacan*, Aubier, 1987, p. 107-148.

** Aun cuando tienen diferentes génesis, preferimos mantener la hipótesis según la cual, desde el punto de vista de sus funciones, el superyó tiránico no es más que una categoría del superyó primordial edípico.

superyó tiránico se origina de modo intempestivo del desgarramiento traumático padecido por el yo en el momento del rechazo de una palabra simbólica. Así, a la incorporación imaginaria y a la inscripción simbólica, factores que originan el superyó primordial, se oponen el desgarramiento traumático y el rechazo forclusivo, factores que originan el superyó tiránico. Parafraseando la célebre aserción freudiana "el superyó [primordial] es el heredero del complejo de Edipo", propongo la siguiente fórmula: *el superyó tiránico es el heredero de un trauma primitivo.*

Ahora se puede comprender mejor por qué el superyó cruel y feroz encarna, no la ley de prohibición primordial, sino un simulacro de ley, una ley agujereada, prácticamente destruida, una vociferación desaforada e insensata de la ley. El único atributo que confiere al superyó una apariencia de ley es el modo imperativo que adopta para hacerse oír por el yo. Exceptuado este modo, la instancia del superyó tiránico no es nada más que un trauma personificado por el yo bajo la forma de un grito aterrador que condena (prohibición desmesurada), ordena (exhortación desmesurada) y sofoca (protección desmesurada).

*

* *

La culpabilidad es una enfermedad imaginaria del yo que reclama el remedio imaginario del autocastigo infligido por el superyó

¿Qué es la culpabilidad? ¿Por qué siempre está asociado el superyó a la noción de culpabilidad? De acuerdo con las enseñanzas de nuestra práctica de las curas, la culpabilidad, en el sentido psicoanalítico del término, es fundamentalmente un sentimiento inconsciente. El concepto de culpabilidad fue introducido en la teoría freudiana para revelar, fundamentalmente, que la única culpabilidad decisiva en la vida psíquica es el sentimiento de ser culpable sin tener, paradójicamente, ninguna representación conciente de ello. "El sentimiento de culpabilidad —escribe Freud— permanece mudo para el enfermo. No le dice que sea culpable, y de este modo el sujeto no se siente culpable, sino enfermo."[3] En efecto, para el psicoanálisis, podemos ser culpables y sin embargo ignorar que lo somos, puesto que concientemente nada nos acusa, y no nos parece haber cometido delito alguno. Mientras que en la conciencia somos inocentes, en el inconsciente somos culpables.

Ahora bien, esta culpabilidad de la cual la conciencia no contiene huella alguna, se expresa de modo indirecto en afecciones psicopatológicas (neurosis obsesiva, melancolía, duelo no elaborado, delirio de autoacusación...), y a través de diversas formaciones psíquicas como fantasmas, situaciones dolorosas o incluso comportamientos de fracaso en el curso de la cura. Entre estas últimas, recordemos el caso ejemplar de la *reacción terapéutica negativa*. Al cabo de un trabajo analítico seguido de una mejoría del estado del paciente, el psicoanalista comprueba, contra todo lo esperado, el retorno de los síntomas y el agravamiento de los sufrimientos que creía desaparecidos. Como si en el analizante existiera una fuerza ignorada que le impidiera progresar y le impusiera un dolor mayor aun que tendría el valor de penitencia. La culpabilidad que está en el origen de esta reacción inesperada no se le aparece al paciente en modo alguno; cree, sencillamente, que su estado se complicó en forma inexplicable; se reconoce enfermo pero no se considera culpable.

Sentimiento inconsciente de culpabilidad, necesidad de castigo y necesidad de nominación

El trabajo con nuestros pacientes confirma plenamente la tesis freudiana según la cual el sufrimiento de

3 Freud, S., *El yo y el ello*, Madrid, Biblioteca Nueva, 1973, *Obras completas*, tomo III, pág. 2722.

los síntomas expía una falta ignorada. El yo cae o recae enfermo a fin de aliviar la opresión de ser inconscientemente culpable. Nos encontramos aquí ante una rara ecuación: el dolor sentido (autocastigo bajo forma de nuevos síntomas) es el alivio de un dolor no sentido (culpabilidad). Ahora bien, para aprehender mejor el mecanismo íntimo de este hecho clínico, debemos comprender que el sentimiento doloroso de culpabilidad consiste —desde el punto de vista económico— en una tensión intolerable a tal punto que, para liberarse, ocasiona la acción apaciguadora de un autocastigo mórbido. Podemos decir, entonces, que lo propio de la culpabilidad inconsciente es despertar de modo automático la irreprimible necesidad de ser castigado.

Pero la acción punitiva no es solamente la satisfacción de una descarga de energía que reabsorbe la tensión; es además, desde un punto de vista simbólico, una satisfacción de naturaleza distinta. La acción punitiva alivia también porque posibilita localizar una falta desconocida que hasta ese momento carecía de representación. La culpabilidad, para ser tolerada, requiere no sólo de una acción que expíe la falta sino también de un nombre que la represente; la necesidad de castigo se redobla en una imperiosa necesidad de nominación. A veces, esta doble necesidad de castigar y de nombrar es tan irresistible que llega a empujar a un hombre a cometer una falta real que induzca a un castigo igualmente real y que finalmente nombre la falta inconsciente. "En muchos criminales, sobre todo en los jóvenes, hemos descubierto —escribe Freud— un intenso sentimiento de culpabilidad, que existía ya antes de la comisión del delito, y no era, por tanto, una consecuencia del mismo, sino su motivo, como si para el sujeto hubiera constituido un alivio poder enlazar dicho sentimiento inconsciente de cupabilidad con algo real y actual."[4] A tal punto es estrecha la relación *culpabilidad* (causa)-*autoacastigo* (efecto) que identificamos la una con el otro y consideramos como equivalentes estas tres ex-

4 *Ibíd.*, pág. 2724.

presiones: "sentimiento inconsciente de culpabilidad", "necesidad de castigo" y la que acabamos de proponer, "necesidad de nominación".

El superyó hace culpable al yo de una falta imaginaria y lo castiga

Me parece que ha llegado el momento de establecer la parte que depende del superyó en el proceso de culpabilidad y que esquematizaremos así:

> falta desconocida cometida por el yo → sentimiento inconsciente de culpabilidad experimentado por el yo → acción punitiva infligida por el superyó.

Pero antes de establecer la presencia superyóica en la culpabilidad, debemos recordar primero que, puesto que el superyó no es más que una parte diferenciada del yo, toda referencia a la acción superyóica debe ser comprendida en realidad como un movimiento del yo respecto de sí mismo. Aclarado este punto, despejaremos dos incidencias del superyó. La primera se sitúa en el nivel del castigo, donde la consideramos idéntica a la necesidad de imponerse un sufrimiento. Finalmente, la "necesidad de castigo" no es más que una manera particular de designar la fuerza que debe emplear el yo para lograr volverse contra sí mismo. Para describir este movimiento, hubiéramos podido utilizar el término "superyó" y afirmar: el superyó arma el brazo autodestructor del yo, o también sencillamente, el superyó castiga al yo. Examinemos ahora la segunda incidencia superyóica, la que, en este caso, se sitúa en el nivel de la falta que origina el sentimiento inconsciente de culpabilidad.

Ahora bien, ¿cuál es la falta desconocida que vuelve culpable al yo? Para responder, debemos considerar la culpabilidad como una forma elaborada de la angustia de castración. El temor del niño en el momento del Edipo ante la prohibición de la autoridad exterior, se transforma más tarde en culpabilidad ante la prohibición de la autoridad interna (superyó). Ahora bien, estas reacciones imaginarias de temor y de culpabilidad son despertadas, no sólo por la amenaza de la interdicción de realizar el goce incestuoso, sino también por el ardor de su propio deseo que simultáneamente experimenta el yo. El yo sólo se angustia y se culpabiliza ante la prohibición si al mismo tiempo percibe la agitación interna de su propio deseo. Y bien, es ahí cuando el yo se confunde y se instala en él ese parásito del neurótico que es la culpa. Pero, ¿de qué confusión se trata? El yo se equivoca y se considera culpable cuando, al percibir el impulso de su deseo, cree percibir el fin del deseo; siente el deseo pero cree experimentar el goce.

Ahora bien, el yo se vuelve culpable no tanto por desear sino por ser incapaz de responder a dos exigencias opuestas y simultáneas del superyó tiránico. Por una parte, debe someterse a la apremiante demanda de una voz que lo exhorta a gozar, y por la otra, debe obedecer a una segunda voz que, por el contrario, le prohíbe gozar. Ante el superyó que exhorta, el yo es culpable de no realizar su deseo: es una falta por defecto; y ante el superyó que prohíbe y condena, es culpable de estar a punto de realizar ese deseo: es una falta por exceso. El yo, paralizado, doblemente culpable a los ojos del superyó, de no realizar su deseo y, a la inversa, de estar demasiado próximo a realizarlo, permanece encerrado en el estrecho círculo del enfrentamiento de las dos demandas antagónicas del superyó.

Pero en realidad ninguna de las dos faltas es cometida ya que recordemos que el deseo es imposible de ser realizado. No puedo ser culpable de un acto que me es imposible cometer. Si el superyó no existiera, el yo en sí mismo jamás sería culpable. Ahora bien, el superyó existe, es decir que el yo se *cree* culpable. Sí, la culpabilidad es una creencia imaginaria del yo, el falso presentimiento de experimentar el goce absoluto, mientras que no puede experimentar más que un goce parcial.

*

* *

Fragmentos de las obras de S. Freud y de J. Lacan sobre el superyó

Selección bibliográfica sobre el superyó

Fragmentos de las obras de S. Freud y de J. Lacan sobre el superyó

Freud

El superyó es una de las dos partes de un yo dividido

Vemos, en efecto [en el melancólico], cómo una parte del yo se sitúa enfrente de la otra y la valora críticamente como si la tomara por objeto (1915).[1]

*

El superyó es una diferenciación en el yo que resulta de la incorporación —por identificación— de la autoridad parental

La instauración del superyó puede ser descrita como un caso plenamente conseguido de identificación con la instancia parental (1933).[2]

*

El superyó es la huella psíquica y duradera en el yo de la resolución del conflicto edípico

El superyó es, en efecto, el heredero del complejo de Edipo y sólo queda establecido una vez liquidado éste (1938).[3]

*

El superyó es inconsciente

En nuestro análisis averiguamos que hay personas en las cuales la autocrítica y la conciencia moral [superyó] (...) son inconscientes y producen, como tales, importantísimos efectos (1923).[4]

*

El superyó no prohíbe el deseo, sino la satisfacción del deseo; restringe el goce

El superyó puede plantear, a su vez, nuevas necesidades, pero su función principal sigue siendo la restricción de las satisfacciones (1938).[5]

*

Una de las dos categorías del superyó: el superyó-conciencia

A esta instancia la llamamos superyó, y en sus funciones judicativas la sentimos como *conciencia* (1938.[6]

*

El superyó es una instancia psíquica inferida por nosotros; la conciencia es una de las funciones que le atribuimos, junto a otras; está destinada a vigilar los actos y las intenciones del yo, juzgándolos y ejerciendo una actividad censoria (1930).[7]

*

Las tres funciones del superyó-conciencia

Tornemos ahora al superyó. Le hemos atribuido las funciones de autoobservación, conciencia moral e ideal (1933).[8]

*

La otra categoría del superyó: el superyó tiránico. Este superyó representa, a los ojos del yo, no la realidad exterior sino el mundo infernal del goce, es decir, el mundo del ello

El superyó, abogado del mundo interior, o sea, del ello, se opone al yo, verdadero representante del mundo exterior o de la realidad (1923).[9]

*

La energía de carga a estos contenidos del superyó afluye a ellos desde fuentes situadas en el ello (1923). [10]

*

El superyó tiránico es tan amoral y cruel como el ello

El ello es totalmente amoral; el yo se esfuerza en ser moral y el superyó puede ser "hipermoral" y hacerse entonces tan cruel como el ello (1923).[11]

*

El superyó tiránico es un instigador perverso que empuja al yo a gozar hasta la muerte

En el superyó reina entonces el instinto de muerte, que consigue, con frecuencia, llevar a la muerte al yo (1923).[12]

*

* *

Lacan

Así como para Freud el superyó representa el ello, de igual manera para Lacan el superyó representa el goce y ordena gozar

El superyó es el imperativo del goce: ¡Goza![13]

*

El superyó tiránico es el heredero de un trauma primitivo

...el superyó acaba por identificarse sólo con lo más devastador, con lo más fascinante de las primitivas experiencias del sujeto. Acaba por identificarse con lo que llamo *la figura feroz*, a las figuras que podemos vincular con los traumatismos primitivos, sean cuales fueren, que el niño ha sufrido.[14]

*

El superyó tiránico nace de un desgarramiento en lo imaginario (trauma) en el momento del rechazo de una palabra simbólica (forclusión)

... esa figura obscena y feroz que el análisis llama el superyó, y que hay que entender como el boquete abierto en lo imaginario por todo rechazo (...) [*forclusión*] de los mandamientos de la palabra.[15]

*

El superyó tiránico encarna, no la ley de la interdicción, sino un simulacro de ley, una ley agujereada, prácticamente destruida, una vociferación desaforada e insensata de la ley

Un enunciado discordante, ignorado en la ley, un enunciado situado en primer plano por un acontecimiento traumático, que reduce la ley a una emergencia de carácter inadmisible, no integrable: he aquí esa instancia ciega repetitiva, que habitualmente definimos con el término superyó.[16]

*

El superyó es, simultáneamente, la ley y su destrucción.[17]

*

El superyó tiene relación con la ley, pero es a la vez una ley insensata, que llega a ser el desconocimiento de la ley.[18]

*

* *

Referencias de los fragmentos citados

[1] *Duelo y melancolía*, Madrid, Biblioteca Nueva, 1973, *Obras completas*, tomo II, pág. 2094.
[2] "Disección de la personalidad psíquica", en *Nuevas lecciones introductorias al psicoanálisis*, Madrid, Biblioteca Nueva, 1973, *Obras completas*, tomo III, pág. 3136.
[3] *Compendio del psicoanálisis*, Madrid, Biblioteca Nueva, 1973, *Obras completas*, tomo III, pág. 3418.
[4] *El yo y el ello*, Madrid, Biblioteca Nueva, 1973, *Obras completas*, tomo III, pág. 2709.
[5] *Compendio de psicoanálisis*, *op. cit.*, pág. 3381.
[6] *Ibid.*, pág. 3417.
[7] *El malestar en la cultura*, Madrid, Biblioteca Nueva, 1973, *Obras completas*, tomo III, pág. 3061.
[8] "Disección de la personalidad psíquica", *loc. cit.*, pág. 3138.
[9] *El yo y el ello*, *op. cit.*, pág. 2714.
[10] *Ibid.*, pág. 2724.
[11] *Ibid.*, pág. 2725.
[12] *Ibid.*, pág. 2724.
[13] *El Seminario 20. Aún*, Barcelona, Paidós, 1981, pág. 11.
[14] *El Seminario 1. Los escritos técnicos de Freud*, Barcelona, Paidós, 1981, pág. 161.
[15] *Escritos I*, México, Siglo XXI, 1975, pág. 346.
[16] *El Seminario 1*, *op. cit.*, pág. 292.
[17] *Ibíd.*, pág. 161.
[18] *Ibíd.*

Selección bibliográfica sobre el superyó

Freud, S.

1913 *Totem et Tabou*, Payot, 1973, págs. 82-83, 163-168, 180-181. [Hay versión castellana: *Tótem y tabú*, Madrid, Biblioteca Nueva, 1973, *Obras completas*, tomo II.]

1914 "Pour introduire le narcissisme", en *La vie sexuelle*, P.U.F. 1969, págs. 82-84, 92, 94, 96-105. [Hay versión castellana: *Introducción al narcisismo*, Madrid, Biblioteca Nueva, 1973, *Obras completas*, tomo II.]

1916 "Quelques types de caractère dégagés par le travail psychanalytique", en *L'inquiétante etrangeté*, Gallimard, 1985, págs. 139-171. [Hay versión castellana: *Varios tipos de carácter descubiertos en la labor analítica*, Madrid, Biblioteca Nueva, 1973, *Obras completas*, tomo III.]

1917 "Deuil et mélancolie", en *Œuvres complètes*, vol. XIII, P.U.F., 1988, págs. 259-278 [Hay versión castellana: *Duelo y melancolía*, Madrid, Biblioteca Nueva, 1973, *Obras completas*, tomo II.]

1921 "Psychologie des foules et analyse du moi", en *Essais de psychanalyse*, Payot, 1981, págs. 173, 198-204. [Hay versión castellana: *Psicología de las masas y análisis del yo*, Madrid, Biblioteca Nueva, 1973, *Obras completas*, tomo III.]

1923 "Le moi et le ça", en *Essais de psychanalyse, op. cit.*, págs. 239-240, 243, 246-252, 262-274. [Hay versión castellana: *El yo y el ello*, Madrid, Biblioteca Nueva, 1973, *Obras completas*, tomo III.]

1923 "La disparition du complexe d'Œdipe", en *La Vie sexuelle, op. cit.*, págs. 120-122. [Hay versión castellana: *La disolución del complejo de Edipo*, Madrid, Biblioteca Nueva, 1973, *Obras completas*, tomo III.]

1924 "Le problème économique du masochisme", en *Nevrose, psychose et perversion*, P.U.F., 1973, págs. 294-297 [Hay versión castellana: *El problema económico del masoquismo*, Madrid, Biblioteca Nueva, 1973, *Obras completas*, tomo III.]

1925 "Quelques conséquences psychiques de la différence anatomique entre les sexes", en *La vie sexuelle, op. cit.*, pág. 131. [Hay versión castellana: *Algunas consecuencias psíquicas de la diferencia sexual anatómica*, Madrid, Biblioteca Nueva, 1973, *Obras completas*, tomo III.]

1928 "Dostoievski et le parricide", en *Résultats, Idées, Problèmes II*, P.U.F., 1985, págs. 168-172. [Hay versión castellana: *Dostoyevski y el parricidio*, Madrid, Biblioteca Nueva, 1973, *Obras completas*, tomo III.]

1929 *Malaise dans la civilisation*, P.U.F., 1971, págs. 80-91, 94-98, 102-105. [Hay versión castellana: *El malestar en la cultura*, Madrid, Biblioteca Nueva, 1973, *Obras completas*, tomo III.]

1933 "La décomposition de la personalité psychique", en *Nouvelles Conférences d'introduction à la psychanalyse*, Gallimard, 1984, págs. 82-91, 93-97, 100, 104, 107-110 [Hay versión castellana: "La disección de la personalidad psíquica", en *Nuevas lecciones introductorias al psicoanálisis*, Madrid, Biblioteca Nueva, 1973, *Obras completas*, tomo III.]

1933 "La féminité", en *Nouvelles Conférences d'introduction à la psychanalyse*, op. cit., pág. 173. [Hay versión castellana: "La femineidad", en *Nuevas lecciones introductorias al psicoanálisis*, Madrid, Biblioteca Nueva, 1973, *Obras completas*, tomo III.]

1938 *Abrégé de psychanalyse*, P.U.F., 1949, págs. 7, 48-49, 82-84. [Hay versión castellana: *Compendio del psicoanálisis*, Madrid, Biblioteca Nueva, 1973, *Obras completas*, tomo III.]

1939 *L'homme Moïse et la religion monothéiste*, Gallimard, 1985, págs. 216-218. [Hay versión castellana: *Moisés y la religión monoteísta:* tres ensayos, Madrid, Biblioteca Nueva, 1973, *Obras completas*, tomo III.]

LACAN, J.,

"Some reflection on the Ego" (Conferencia en la British Psychoanalytic Society, el 2 de mayo de 1951), *The Psychoanalytic Quarterly*, vol. 23, 1954. [Hay versión castellana: "Algunas reflexiones sobre el yo".]

De la psychose paranoïaque dans ses rapports avec la personnalité, Seuil, 1975, pág. 323. [Hay versión castellana: *De la psicosis paranoica en sus relaciones con la personalidad*, México, Siglo XXI, 1971.]

Le Séminaire, libro I, *Les ecrits techniques de Freud*, Seuil, 1975, págs. 97, 118-119, 129, 155, 209, 219-222, 312 [Hay versión castellana: *El Seminario 1. Los escritos técnicos de Freud*, Barcelona, Paidós, 1981.]

Le Séminaire, libro II, *Le moi dans la théorie de Freud et dans la technique de la psychanalyse*, Seuil,

1978, págs. 157-160, 294-295. [Hay versión castellana: *El Seminario 2. El yo en la teoría de Freud y en la técnica psicoanalítica*, Barcelona, Paidós, 1983.]

Le Séminaire, libro III, *Les psychoses*, Seuil, 1981, págs. 312-313. [Hay versión castellana: *El Seminario 3. Las psicosis*, Barcelona, Paidós, 1983.]

La relation d'objet et les structures freudiennes (seminario inédito), lecciones del 12 de diciembre de 1956, del 6 de marzo y del 3 de julio de 1957.

Les formations de l'inconscient (seminario inédito), lecciones del 19 de marzo y del 2 de julio de 1958.

Le désir et son interprétation (seminario inédito), lecciones del 10 de diciembre de 1958 y del 18 de abril de 1959.

Le Seminaire, libro VII, *L'Ethique de la psychanalyse*, Seuil, 1986, págs. 14-16, 206-231, 354-358. [Hay versión castellana: *El Seminario 7. La ética del pasicoanálisis*.]

L'angoisse (seminario inédito), lección del 19 de diciembre de 1962.

Le Séminaire, libro XI, *Les quatre concepts fondamentaux de la psychanalyse*, Seuil, 1973, pág. 172, 179. [Hay versión castellana: *El Seminario 11. Los cuatro conceptos fundamentales del psicoanálisis*, Buenos Aires, Paidós, 1986.]

Ecrits, Seuil, 1966, págs. 115-116, 127-137, 360, 433-434, 619, 653, 683-684, 765-790, 821, 827. [Hay versión castellana: *Escritos I* y *Escritos II*, México, Siglo XXI, 1970 y 1978 respectivamente.]

D'un discours qui ne serait pas du semblant (seminario inédito), lecciones del 10 de marzo y del 16 de junio de 1971.

Le Séminaire, libro XX, *Encore*, Seuil, 1975, pág. 10. [Hay versión castellana: *El Seminario 20. Aún*, Barcelona, Paidós, 1982.]

*
* *

Berge, A., "Le surmoi, son origine, sa nature et sa relation à la conscience morale", en *Revue française de psychanalyse*, vol. 31, 1967, pág. 1079.

Didier–Weill, A., "Recherche sur le surmoi", en *Lettres de l'Ecole*, Nº 25, vol. 1, abril 1979, pág. 286.

Florence, J., "La fonction du surmoi dans la cure analytique", en *Feuillets psychiatriques* de Laye, vol. 13-1, 1980, pág. 49-62.

Hartmann, H., y Loewenstein, R., "Notes sur le surmoi", en *Revue française de psychanalyse*, tomo 28, nros. 5-6, 1964.

Hesnard, A., "L'évolution de la notion de surmoi dans la théorie de la psychanalyse", en *Revue française de psychanalyse*, vol. 15, 1951, pág. 185.

Jones, E., "La conception du surmoi", en *Revue française de psychanalyse*, vol. 1, Nº 1, 1927, pág. 324.

—, "L'origine du surmoi", en *Théorie et pratique de la psychanalyse*, Payot, 1969, págs. 132-138.

Klein, M., "Les stades précoces du developement œdipien" (1928), en *Essais de psychanalyse*, Payot, 1978, págs. 229-241.

—, "Le developpement précoce de la conscience chez l'enfant" (1933), en *Essais de psychanalyse, op. cit.*, págs. 296-306.

Laforgue, R., "A propos du surmoi", en *Revue française de psychanalyse*, vol. 1 Nº 1, 1927, pág. 76.

Lagache, D., "La structure du surmoi", en *Bulletin de psychologie*, tomo XI, Nº 152, 1958, pág. 905.

Laplanche, J. y Pontalis, J.-B., artículo "Surmoi", en *Vocabulaire du psychanalyse*, P.U.F., 1967, págs. 471-473. [Hay versión castellana: "Superyó", en Diccionario de psicoanálisis.

Muller-Brunschweig, G., "The Genesis of feminine super ego", en *Analyses*, VII, 3-4, 1926, pág. 359.

Rosenfeld, H., "Surmoi/Idéal du moi", en *Revue française de psychanalyse*, vol. 27, nros. 4-5, 1963, pág. 543.

Rosolato, G., *La relation d'inconnu*, Gallimard, 1978, pág. 94-102 (culpabilité).

—, *Le sacrifice*, P.U.F., 1987, págs. 32-37, 60-67 (culpabilité).

Saussure, R. de, "Notes sur la pluralité du surmoi", en *Revue française de psychanalyse*, vol. 4, 1930-1931, pág. 163.

Turiell, F., "An historical analysis of freudian conception of super ego", en *The Psycho-analysis Review*, t. 54, Nº 1, 1967, pág. 118.

7

El concepto de FORCLUSION

El concepto de forclusión

Antes de leer este texto comprometemos al lector a retomar el primer capítulo sobre el concepto de castración.

El concepto de forclusión es una construcción teórica que intenta explicar el mecanismo psíquico que está en el origen de la psicosis. Además, también algunos trastornos episódicos —como una alucinación, un delirio agudo, un pasaje al acto e incluso enfermedades psicosomáticas— podrían esclarecerse a partir de la hipótesis de la forclusión. Todas estas manifestaciones clínicas —ya sean duraderas o transitorias— serían ocasionadas por un desorden de la simbolización de la experiencia de la castración. En efecto, veremos que la forclusión es el nombre que da el psicoanálisis al defecto de inscripción en el inconsciente de la experiencia normativa de la castración. Experiencia crucial que —en la medida en que es simbolizada— permite al niño asumir su propio sexo y así llegar a ser capaz de reconocer sus límites. Además de las manifestaciones clínicas y sintomáticas propias de la psicosis, esta ausencia de simbolización de la castración se expresará especialmente por una incertidumbre del paciente psicótico respecto de su identidad sexual y por una pérdida del sentido de la realidad.

*

* *

Desde el punto de vista terminológico, el término forclusión —tomado del vocabulario jurídico— fue propuesto por Lacan para traducir el vocablo alemán

Verwerfung, habitualmente transcrito en las versiones de la obra de Freud por la palabra *rechazo*. Aclaremos que, inicialmente, Lacan había empleado el término *cercenamiento (retranchement)* como equivalente francés de *Verwerfung*.

Primero presentaremos el concepto de forclusión siguiendo a Freud en su investigación acerca de la psicosis; luego, en un segundo tiempo, expondremos la concepción lacaniana de esta noción.

Para desarrollar nuestro estudio, nos apoyaremos en la enseñanza de J. Lacan y retomaremos algunos aspectos de nuestros recientes trabajos: "La forclusion locale: contribution à la théorie lacanienne de la forclusion" (La forclusión local: contribución a la teoría lacaniana de la forclusión).[1]

*

* *

El concepto de forclusión en Freud

La psicosis es una defensa inapropiada y mórbida contra el peligro del recuerdo de la castración

Ya desde sus primeros textos Freud se dedicó a aislar un mecanismo de defensa propio de la psicosis. Así en 1984, momento en el que la teoría de la represión aún no estaba concluida, sostiene la tesis según la cual diferentes enfermedades mentales serían la expresión de defensas inapropiadas y mórbidas del yo. Bajo la denominación de "psiconeurosis de defensa" Freud agrupa diversas entidades clínicas, tales como la histeria, la fobia, la obsesión y

1 Cf. Les yeux de Laure. Le concept d'objet a dans la théorie de J. Lacan, Aubier, 1987, págs. 107-132.

algunas psicosis alucinatorias, cada una de ellas dependiente de una forma específica de fracaso de la función defensiva del yo. Trátese de neurosis o de psicosis, en todos los casos nos encontramos ante la incapacidad del yo para defenderse contra el peligro de una representación psíquica intolerable. Pero ¿qué es lo que puede constituir un peligro en una representación psíquica o en una idea inconsciente? La representación que amenaza al yo es intolerable porque recae sobre un fragmento de realidad demasiado investido, ligado a la experiencia de la castración. En efecto, lo que constituye un peligro para el yo es el resurgimiento inminente —bajo la forma de una idea inconsciente— de la experiencia dolorosa de la castración.

Pero, ¿de cuál castración? ¿La del sujeto psicótico? No, la castración de la que se trata es, ante todo, la castración del Otro, la de la madre. Para el niño, lo doloroso de la experiencia de la castración fue constatar y percibir en el cuerpo femenino la ausencia del pene que se suponía la madre poseía. Seamos precisos: la representación intolerable para el yo no es otra sino la huella dejada por la dolorosa percepción de la falta de pene en la mujer. Dolorosa porque ello significa que también el niño puede ser despojado del pene, y dolorosa además porque esta percepción viene a confirmar la seriedad de la prohibición paterna del incesto.

*

*   *

La lógica de la experiencia de la castración

De aquí en más tengamos presentes los dos primeros de los cuatro tiempos durante los cuales se desarrolla la experiencia de la castración. Para comprender la teoría, freudiana ahora y más adelante lacaniana, de la forclusión, es indispensable la distinción de estos dos primeros tiempos que ya dejamos establecidos en el capítulo dedicado al concepto de castración. El tiempo inaugural es un tiempo mítico en el cual el niño, a partir de su propio cuerpo, supone que todos los seres humanos, y su madre en particular, poseen un pene. Lacan identifica este a priori mítico con el juicio primordial de *atribución*, es decir de atribución universal del pene. El segundo tiempo es aquel en el cual tiene lugar el hecho fundamental de la experiencia de castración, a saber, la percepción de la falta de pene. La huella inscrita en el inconsciente de este acontecimiento perceptivo tiene el valor de un juicio referido a la *existencia* de la castración o, para ser más exactos, a la existencia de una falta de pene en una mujer. Existe al menos una persona, mi madre, que no tiene pene. El juicio de existencia que da testimonio de una ausencia particular es el correlato del juicio de atribución que da testimonio de una presencia universal. En suma, el peligro contra el cual se defiende el yo es la representación en el inconsciente de una experiencia que comporta dos momentos, el de una afirmación universal y el de la existencia particular de una falta. El primero es la condición de posibilidad del segundo. A la *ilusión* de la universalidad del pene (juicio de atribución) le sucede la *caída* dolorosa de dicha ilusión, debida a dos factores: la comprobación irrevocable de la falta del pene en la madre y la sumisión a la ley del padre que prohíbe el incesto (ambos factores se condensan en un juicio de existencia).

El desenlace de la experiencia de la castración se suelda con una renuncia que agrava más aun el dolor del niño. Ya comprendió que su pene estaba amenazado al haber constatado la falta en la madre y al haber internalizado la prohibición del padre; ahora el niño se decide a perder a la madre, objeto de su deseo, para salvar el propio sexo. Por cierto, esta crisis que hubo de atravesar fue fecunda y estructurante ya que llegó a ser capaz de asumir su falta y de producir su propio límite, pero su yo no quiere saber más nada de esta experiencia. Lo que Freud denomina "representación intolerable" es la inscripción en el inconsciente de la experiencia de la castración, y es contra dicha representación contra la cual se defiende el yo, en ocasiones de un modo psicótico (forclusión). Ya veremos que a diferencia de Freud, Lacan hace recaer la forclusión ya no exclusivamente sobre la mera inscripción de la castración en el inconsciente, sino sobre los dos tiempos del complejo de castración: por una parte sobre la creencia en la presencia de un pene universal, y por otra sobre la dolorosa percepción visual de su ausencia, confirmada por la prohibición paterna.

Rechazo de la representación intolerable

Ahora, luego de haber recordado por qué la representación de la castración es dolorosa, veamos cuáles son los distintos medios de defensa empleados por el yo para protegerse de ella; y en especial aquel más específico de la defensa psicótica. En las neurosis —histeria, fobia u obsesión—, la defensa, más flexible siempre que en las psicosis, se organiza reemplazando la representación insoportable por otra representación más aceptable para el yo; el fracaso de este mecanismo de sustitución dará lugar a los síntomas típicamente neuróticos. En cambio en las psicosis la defensa consiste en una acción bien determinada, radical y violenta: "Pero hay aún —escribe Freud— otra forma de la defensa mucho más enérgica y eficaz, consistente en que el yo rechaza *(verwirft)* la representación intolerable juntamente con su afecto y se conduce como si la representación no hubiese jamás llegado a él."[2] Y agrega más adelante: "... el yo se separa de la representación intolerable, pero ésta se halla inseparablemente unida a un trozo de la realidad [de la castración], y al desligarse de ella, el yo se desliga también, total o parcialmente, de la realidad." Como queda expuesto, entonces, el modo de defensa psicótico consiste, no en un debilitamiento de la representación intolerable como en las neu-

2 Freud, S.: *Las neuropsicosis de defensa*, Madrid, Biblioteca Nueva, 1973, *Obras completas*, tomo I, págs. 175-176.

rosis, sino en una separación radical y definitiva del yo y de la representación. En consecuencia, el yo expulsa la representación, y con ella el fragmento de la experiencia de la castración que le estaba unido. Es decir que el yo, al rechazar la representación, también rechaza el contenido afectivo de la representación; al rechazar la huella, rechaza aquello que la huella evoca, a saber el deseo sexual hacia la madre. La defensa en las psicosis es más expeditiva que en las neurosis, pero tiene por precio el hundimiento de la persona en un estado grave de confusión alucinatoria. Subrayamos que, en esta misma época, Freud emplea el término *proyección* para designar esta operación de rechazo que acabamos de desarrollar.[3]

Abolición de la representación intolerable

Ahora bien, la concepción freudiana de la defensa psicótica comprendida en un primer momento como una expulsión de la representación, se va modificando de modo progresivo. Ahora se trata de una acción aun más brutal que consiste en la abolición pura y simple del peligro de la representación. "No era, por lo tanto, exacto decir —escribe Freud en 1911— que la sensación interiormente reprimida es proyectada al exterior, pues ahora vemos más bien que lo *interiormente reprimido* [*abolido*] retorna desde el exterior".[4] Freud endurece notoriamente su posición teórica: La representación no es ya rechazada, sino literalmente suprimida del interior. Entonces, la abolición de la representación peligrosa es tan radical que uno se puede preguntar si la experiencia de la castración estuvo inscrita alguna vez en el inconsciente e incluso si fue vivida alguna vez. "Tal actitud no suponía juicio alguno sobre

3 Freud, S.: *La naissance de la psychanalyse*, P.U.F., 1979, p. 100. [Hay versión castellana: *Los orígenes del psicoanálisis*, Madrid, Biblioteca Nueva, 1973, *Obras Completas*, tomo III.]

4 Freud, S.: *Observaciones psicoanalíticas sobre un caso de paranoia autobiogrpaficamente descrito (como "Schreber")*, Madrid, Biblioteca Nueva, *Obras comletas*, tomo II, pág. 1523.

su existencia [de la castración], pero equivalía a hacerla [la castración] inexistente".[5] La abolición es una acción tan neta y tan definida que tenemos derecho a pensar que el sujeto psicótico no conoce el dolor de la castración, no fue alcanzado jamás por esta experiencia crucial y decisiva. Como si estuviéramos en la alternativa entre dos tesis: o bien —tesis del *rechazo forclusivo*— la forclusión consiste en la expulsión de la representación inconsciente de la castración fuera del yo, es decir, en el rechazo de lo único que la hace existir en el inconsciente; o bien —tesis de la *abolición forclusiva*— la defensa no es un rechazo sino una supresión tan violenta, un borramiento a tal punto total de dicha representación que se podría concluir la inexistencia pura y simple de la experiencia de la castración. En suma, podemos resumir estas dos proposiciones de la siguiente manera: o pensamos en el *rechazo* de la huella de una castración que existió, o pensamos en la *abolición* de la huella de una castración que, paradójicamente, de hecho jamás existió.

Retorno de la representación intolerable

Consista la defensa psicótica en un enérgico rechazo o en una pura y simple abolición, es siempre fatalmente una defensa inapropiada y mórbida, ya que el peligro que se echó por la puerta vuelve obstinadamente por la ventana. En efecto, ya sea que la representación haya sido rechazada o abolida, ésta retornará de modo inevitable desde el exterior hacia el yo, y traerá así aparejados trastornos típicamente psicóticos. Tomemos el célebre ejemplo del Hombre de los lobos y más específicamente el del acontecimiento de una alucinación acaecida en su infancia. El niño juega en un jardín al lado de su niñera. Estaba tallando la corteza de un nogal con su navajita. Y de

5 Freud., S.: *Historia de una neurosis infantil (caso del "Hombre de los lobos")*, Madrid, Biblioteca Nueva, 1973, *Obras completas*, tomo II.

pronto, observa con "terrible sobresalto" que se había cortado el dedo meñique de la mano, de tal manera que sólo permanecía sujeto por la piel. Curiosamente no siente dolor alguno en ese momento pero sí un miedo terrible. Súbitamente afectado de mutismo e incapaz de volver a mirarse el dedo, se desploma en el banco más próximo. Cuando finalmente se tranquiliza, mira su dedo, y ve "que no tenía en él herida alguna".[6]

Freud considera que este episodio alucinatorio es testimonio del fracaso de la defensa psicótica; ésta no logra alejar de modo duradero el peligro de una castración cuya huella es reactivada. La representación que había sido rechazada vuelve desde el exterior y se transforma ahora en algo alucinado (imagen alucinada del dedo meñique cortado). Ciertamente, la huella de la castración fue rechazada del inconsciente, pero retorna bajo la forma de una alucinación.

Diferencia entre la represión neurótica y el rechazo psicótico. ❑ Observemos aquí una diferencia fundamental entre la defensa neurótica operada por represión, y la defensa psicótica operada por rechazo o abolición. Ambas fracasan en su tentativa de oponerse a la representación intolerable de la castración, puesto que ésta retorna inevitablemente, pero las modalidades neuróticas y psicóticas de este retorno son muy diferentes. Mientras que en la neurosis lo reprimido y su retorno son ambos de naturaleza simbólica, en la psicosis lo rechazado y lo que retorna son profundamente heterogéneos. En el caso de la represión, el retorno de la representación continúa siendo una representación que sigue formando parte del yo; por ejemplo, un síntoma neurótico es un retorno de la misma naturaleza simbólica que la representación reprimida, y está igualmente integrado al yo que aquélla. El retorno psicótico, en cambio, es algo totalmente distinto que la representación rechazada; la imagen súbita y alucinada del dedo meñique cortado, no sólo no tiene ninguna de las

6 Ibíd., pág. 1988.

propiedades simbólicas de una representación, sino que además es aprehendida por el yo sin afecto alguno y percibida con la nitidez de una realidad innegable que sería extraña a él. Podemos concluir entonces con la siguiente fórmula: *en la neurosis lo reprimido y el retorno de lo reprimido son homogéneos, mientras que en la psicosis lo rechazado y el retorno de lo rechazado son heterogéneos.*

*
* *

El concepto de forclusión en Lacan

La posición teórica de Lacan respecto de la forclusión varía según los textos y las épocas, pero fundamentalmente se elabora a partir de la distinción tripartita que ya establecimos entre el mito de atribución universal del pene a *todos* los humanos (Todo universal), el descubrimiento que hace el niño de que *existe* al menos una persona castrada —la madre— que es una excepción a la universalidad del mito (el Uno de la existencia), y el hecho de la *falta* en sí misma. Tenemos, entonces, tres elementos: el Todo universal, el Uno de la existencia y la falta de sí misma. Esta tríada del Todo de una ilusión, del Uno de una excepción y de la falta, constituye una matriz que será considerada por Lacan según una perspectiva y una terminología lógicas, y al mismo tiempo según una perspectiva y una terminología clásicamente edípicas. La primera perspectiva define la dimensión simbólica, en tanto que la segunda —la cual le es impecablemente superponible— define la tríada edípica, padre, madre, hijo. Pero trátese de una u otra de estas perspectivas, nos manejaremos siempre con un trípode básico —el Todo, el Uno y la falta—, sobre el cual actuará la forclusión. Como ya veremos, la operación forclusiva recaerá o bien sobre el Todo, o bien sobre el Uno de la existencia; siendo que el tercer elemento, la falta, sólo es afectado de modo indirecto. Antes de seguir, cabe observar que Freud, a diferencia de Lacan, siempre focalizó la forclusión en un único elemento, el de la representación intolerable (que equivale al Uno de la tríada lacaniana), mientras que Lacan, a lo largo de sus textos, hará recaer la forclusión sea sobre el Todo, sea sobre el Uno, sea sobre su común articulación.

*

* *

El concepto lacaniano de forclusión según la perspectiva lógica

Articulación del Todo y del Uno

En efecto, la dimensión denominada por Lacan dimensión simbólica comprende tres componentes esenciales: el Todo, el Uno y la falta. Tres componentes permanentemente articulados en una dinámica propia al orden simbólico: el Uno de una existencia puntual, siempre cambiante, que surge y se renueva sobre el fondo de un Todo afectado de incompletud. Para condensar en una fórmula el movimiento de la vida simbólica diríamos: lo simbólico es la perpetua emergencia de una existencia que, positivamente, afirma un nacimiento, y negativamente, abre una falta en el Todo.

Por cierto, las palabras de nuestra fórmula son abstractas, pero la lógica de lo simbólico que describen corresponde con exactitud a la lógica de esa experiencia dolorosa —la castración— vivida en nuestra infancia y renovada sin cesar a lo largo de la vida, a saber, que sólo logramos afirmar nuestra identidad de sujeto en el momento de fundar un acto, es decir, de ser capaces de hacer *existir* un significante en respuesta a las exigencias de la realidad. Y para que esto fuera posible, primero fue preciso reconocer, no sin dolor, la falta por la que está afectada nuestra realidad.

Ahora que aclaramos lo anterior, podemos situar mejor en qué consiste la operación froclusiva. Mientras que el mecanismo de la represión respeta totalmente la coherencia y la fluidez del movimiento simbólico, la forclusión, en cambio, rompe brutalmente la articulación entre el Todo y la emergencia siempre recomenzada del Uno nuevo. Así, la forclusión consiste en la no-llegada de una existencia esperada. Lo nuevo debía llegar pero no vino. Entonces, ¿qué sucede con ello? Precisamente, "lo que sucede con ello pueden ustedes verlo: *lo que* no ha llegado a la luz de lo simbólico aparece en lo real". Es decir que la existencia nueva que lo simbólico hubiera debido actualizar (un síntoma o un lapsus, por ejemplo) queda literalmente abolida, sofocada, para luego resurgir violentamente en lo real. El Uno de la existencia simbólica que no llegó allí donde se lo esperaba, ahora aparece en otro lado, transformado en un hecho real, súbito, masivo y sin llamado. Así, si volvemos al episodio alucinatorio del Hombre de los lobos, reconoceremos en el mutismo del niño petrificado por su alucinación el signo más revelador del retorno en lo real de una palabra que hubiera debido existir, es decir, que hubiera debido ser dicha por el niño. El niño, aterrado, se quedó sin voz y entonces la palabra que no llegó a la luz de lo simbólico se transformó en la realidad de una imagen alucinada.

Es cierto, la forclusión cortó el lazo entre el Todo y el Uno, o entre el juicio de afirmación y el juicio de existencia. Pero ¿podemos precisar con más exactitud el punto de impacto de la operación forclusiva? ¿Cuál es el elemento forcluido? La posición de Lacan a este resspecto no nos parece estar siempre definida. A veces, en algunos textos, sobre todo en los primeros (1954), la forclusión corresponde a la abolición pura y simple de este Todo previo que Lacan designa *Bejahung primaria* o juicio de atribución primordial, al cual definimos diciendo que era el mito del pene universal. Cuando Lacan sostiene la hipótesis de la forclusión de la *Bejahung primaria*, entendemos que postula la eventualidad de una forclusión del primer tiempo de la castración, es decir, una *ausencia* absoluta de la creencia en la universalidad del pene. Puesto que la *Bejahung* constituye el suelo mismo en el cual arraiga la experiencia de la castración, su forclusión significa que el niño ni siquiera tuvo que enfrentarse al dilema de atravesar esta experiencia o de retroceder ante ella. Como si el niño, futuro psicótico, no hubiera tenido siquiera la posibilidad de vivir la ilusión primera del mito de un pene atribuido a todos. Al no haber sido vivida por el niño la ilusión de la omnipresencia del pene, queda excluido que perciba su ausencia en la madre. Transcribimos a continuación dos pasajes en los cuales Lacan sostiene que la forclusión es forclusión de la *Bejahung*. En los *Escritos II*, por ejemplo, en la página 539, leemos que la forclusión "... se articula como la ausencia del juicio de atribución". Y también en el *Seminario 1*, en la página 97, está escrito que para el Hombre de los lobos no hubo *Bejahung*.

A la inversa, en otros textos, en general más tardíos (a partir de 1955-1956), Lacan adoptará una posición teórica diferente, que se irá convirtiendo progresivamente en su posición definitiva, según la cual la forclusión no recae sobre el Todo, sino sobre *un* significante. Precisamente, esta concepción de la forclusión operando fundamentalmente sobre un significante será desarrollada por Lacan a la luz del mito edípico.

*

* *

El concepto lacaniano de forclusión según la perspectiva edípica

¿Qué es el Nombre-del-Padre?

Nuestra tríada simbólica del Todo, del Uno y de la falta pasa a ser ahora la figura ternaria del Todo de la *madre todopoderosa*, del Uno del significante del *Nombre-del-Padre*, y de la falta representada por el *deseo de la madre*. Ya desde ahora, podemos adelantar que la forclusión se ejercerá exclusivamente sobre el significante del Nombre-del-Padre. Para comprender el sentido de esta expresión, "forclusión del Nombre-del-Padre", debemos admitir primero una serie de premisas:

- El Nombre-del-Padre, expresión de origen religioso, no es el equivalente del nombre patronímico de un padre particular, sino que designa la función paterna tal y como es internalizada y asumida por el niño mismo. Volvamos a subrayar que el Nombre-del-Padre no es sencillamente el lugar simbólico que puede o no ocupar la persona de un padre, sino toda expresión simbólica, producida por la madre o producida por el niño, que represente la instancia tercera, paterna, de la ley de prohibición del incesto. Por lo tanto, si queremos ubicar el significante del Nombre-del-Padre, debemos indagar primero en la manera en que se sitúa una madre, en tanto que mujer deseante, respecto de la ley simbólica de la prohibición, o en la manera en que un niño, en tanto sujeto deseante, integró en sí la prohibición, y llega entonces a ser capaz de fundar un acto o de instituir su propio límite. Claro está que la persona misma del padre real está igualmente atravesada por la ley simbólica del Padre, pero con la dificultad suplementaria de tener que regular su conducta cotidiana de padre de acuerdo con una ley que, inevitablemente, lo excede.
- El Nombre-del-Padre, entendido como expresión del deseo de la madre o del deseo del niño, es llamado por Lacan metáfora paterna, es decir, metáfora del deseo del niño atravesado por el deseo de la madre.
- El Nombre-del-Padre no designa algo objetivo, situable, nombrable de una vez y para siempre, sino cualquier expresión significante que venga a ocupar el lugar de la metáfora del deseo del niño o del deseo de la madre. Un síntoma, un gesto, una palabra, una decisión e incluso una acción, todos son, en su diversidad, ejemplos de significantes del Nombre-del-Padre, siendo cada uno de ellos una expresión singular del deseo. Aclaremos que el lugar del Nombre-del-Padre es siempre Uno, aun cuando los

elementos que lo ocupen circunstancialmente sean múltiples e innumerables.

*

* *

Para que se desencadene la forclusión, es necesaria la incitación de un llamado

Pero lo que define de modo fundamental al Nombre-del-Padre —y esto es decisivo para comprender el sentido del concepto lacaniano de forclusión— es el siguiente hecho: el significante del Nombre-del-Padre es la respuesta siempre renovada a un llamado proveniente de un otro, de un semejante exterior al sujeto. Sólo hay significantes del Nombre-del-Padre en una sucesión infinita de respuestas "llegadas a la luz de lo simbólico". Ahora bien, la forclusión consiste, justamente, en la suspensión de toda respuesta a la solicitación dirigida a un sujeto de que produzca un mensaje, funde un acto, o instituya un límite. En consecuencia, la forclusión es la no-llegada del significante del Nombre-del-Padre en el lugar y en el momento en que estaba llamado a advenir. Esto permite comprender por qué no puede haber acción forclusiva sin la condición de un llamado que la desencadene. En suma, para que la operación de forclusión se verifique, es decir, para que haya carencia de un significante allí donde debía haber una emergencia del mismo, es necesaria previamente la incitación de un llamado.

Pero, ¿de dónde viene este llamado? La forclusión es lo no-respuesta a un mensaje o a una demanda que proviene de una persona en posición tercera respecto de la relación dual e imaginaria entre el sujeto —futuro psicótico— y un semejante amado u odiado apasionadamente.

Para un psicoanalista, localizar el origen del llamado equivale a indagar el contexto en el cual se ha iniciado el proceso de la psicosis. La persona que llama a la emergencia del Nombre-del-Padre en el futuro psicótico es, según Lacan, *Un-padre*, es decir una persona "situada en posición tercera en cualquier relación que tenga por base la pareja imaginaria yo-objeto", pareja que, con frecuencia, está cargada con una intensa tensión afectiva. Por ejemplo, el llamado estará encarnado "... para la mujer que acaba de dar a luz en la figura de su esposo, para la penitente que confiesa su falta en la persona de su confesor, para la muchacha enamorada en el encuentro del padre del muchacho". Esposo, confesor o padre, todos ellos son personajes laterales, relativamente menos investidos por el sujeto que el *partenaire* de la pareja imaginaria. Estos distintos personajes —Un-padre—, en apariencia bastante secundarios, juegan sin saberlo el rol principal en el desencadenamiento de un episodio psicótico.

*

* *

Las dos consecuencias de la forclusión del Nombre-del-Padre: consecuencias simbólicas e imaginarias

Para concluir, abordemos ahora los efectos producidos por la forclusión. Distinguiremos de modo esquemático dos órdenes de consecuencias provocadas por la forclusión del significante del Nombre-del-Padre: desórdenes en lo simbólico y desórdenes en lo imaginario.

Si se verifica la operación forclusión, es decir, si el Nombre-del-Padre no surge allí donde se lo esperaba, le suceden en el paciente psicótico una serie de reorganizaciones de elementos simbólicos que trastornan las referencias habituales del espacio, del tiempo y que, fundamentalmente, perturban las representaciones relativas a su filiación. Todas estas reorganizaciones son inducidas por la vacante creada en lo simbólico y que Lacan denomina "agujero abierto en el campo del significante". En torno a este agujero se va a alzar la edificación de una nueva realidad que viene a reemplazar a la realidad perdida, anterior al advenimiento del acontecimiento forclusivo. Lacan, haciendo referencia al título de un artículo de Freud, "La pérdida de la realidad en la neurosis y en la psicosis", sostiene que el problema fundamental en el proceso de una psicosis no es tanto el de la pérdida de la realidad cuanto el del mecanismo de formación de la nueva realidad que viene a sustituirla (cf. *Escritos II*, página 524). Precisemos aquí que el problema de la producción por forclusión de una nueva realidad fue extensamente desarrollado en nuestro artículo ya citado: "La forclusion locale: contribution à la théorie lacanienne de la forclusion".[7]

Ya hemos reconocido en el ejemplo del episodio alucinatorio del Hombre de los lobos los rasgos sobresalientes de esta nueva realidad. Se trata de una realidad masiva por invasiva, enquistada por estar aislada de los demás acontecimientos, enigmática por ser insensata (ausencia de significación fálica), compacta porque es tan sólo tensión psíquica exacerbada y, lo más importante, indiscutiblemente verdadera y cierta para el sujeto. Entendámonos, verdadera y cierta no porque corresponda a una realidad tangible y verificable por medio de la prueba fáctica, sino porque, indiscutiblemente, *esta* realidad precisa *se dirige* a mí solo. Tengo la certeza, no del carácter auténtico de tal o cual realidad, sino del hecho de que esta realidad me concierne. Así, lo que es indiscutible no es la realidad en sí, sino el hecho de que sea mía. Por lo tanto, mi "certeza" psicótica reside en la convicción absoluta y espontánea de que esa realidad es mi realidad, y yo su único agente.

La otra consecuencia provocada por la forclusión, de orden imaginario, puede resumirse en una cristalización de la relación imaginaria del yo psicótico con un otro elegido, relación cargada con una extrema agresividad erotizada, que puede llegar hasta la desaparición de la imagen especular y, en el límite, hasta la destrucción mortífera del semejante. En este caso se trata, según Lacan, de una

[7] En *Les yeux de Laure, op. cit.*, págs. 107-132.

regresión del psicótico al estadio del espejo, "... por cuanto la relación con el otro especular se reduce allí a su filo mortal." (*Escritos*, pág. 550.)

Fragmentos de las obras de S. Freud y de J. Lacan sobre la forclusión

Selección bibliográfica sobre la forclusión

Fragmentos de las obras de S. Freud y de J. Lacan sobre la forclusión

Freud

La forclusión (aquí proyección) es la expulsión de una idea sexual que retorna bajo la forma de una percepción delirante (ejemplo de la paranoia)

En una mujer surge el deseo del comercio con el hombre. Sucumbe a la represión y reaparece bajo la siguiente forma: se dice afuera que ella tiene tal deseo, cosa que ella niega.

¿Qué sucedió en esta especie de represión y de retorno característicos de la paranoia? Una idea —el contenido del deseo— nacida en el interior ha sido proyectada al exterior; retorna como una realidad percibida contra la cual puede ahora ejercerse nuevamente la represión, como oposición (1907).[1]

*

Tres actitudes psíquicas diferentes: la represión, la aceptación y el rechazo de la castración, pueden coexistir

Al final coexistían en él [el Hombre de los lobos] dos corrientes antitéticas, una de las cuales rechazaba la castración, en tanto que la otra estaba dispuesta a admitirla, consolándose con la femineidad como compensación. Y también la tercera, la más antigua y profunda, que se había limitado a *rechazar la castración* sin emitir juicio alguno sobre su realidad, podía ser activada todavía (1918).[2]

*

Rechazar la castración no significa expulsarla al exterior, sino tratarla como si no existiera

Al decir que la rechazó [la castración] nos referimos a que no quiso saber nada de ella en el sentido de la represión. Tal actitud no suponía juicio alguno sobre su existencia [de la castración], pero equivalía a hacerla inexistente (1987).[3]

*

* *

Lacan

Lo reprimido y el retorno de lo reprimido son homogéneos (neurosis), lo rechazado (forclusión) y el retorno de lo rechazado son heterogéneos (psicosis)

Lo que cae bajo la acción de la represión retorna, pues la represión y el retorno de lo reprimido no son sino el derecho y el revés de una misma cosa. Lo reprimido siempre está ahí y se expresa de modo perfectamente articulado en los síntomas (...). En cambio, lo que cae bajo la acción de la *Verwerfung* tiene un destino totalmente diferente.[4]

*

La forclusión es forclusión del juicio de atribución

El proceso de que se trata aquí bajo el nombre de *Verwerfung* (...) es exactamente lo que se opone a la *Bejahung* primaria y constituye como tal lo que es expulsado. (...) La *Verwerfung*, pues, ha salido al paso de toda manifestación del orden simbólico, es decir de la *Bejahung* que Freud establece como el proceso primario en que el juicio atributivo toma su raíz.(5)

*

La castración no simbolizada, no llegada a la luz de lo simbólico, reaparece en lo real. Lacan traduce aquí "verworfen" por "cercenado" y no por "forclusión"

Pero ¿qué sucede pues con lo que no es dejado ser en esa *Bejahung*? Freud nos lo ha dicho previamente, lo que el sujeto ha cercenado *(verworfen)* (...) de la abertura al ser no volverá a encontrarse en su historia, si se designa con ese nombre el lugar donde lo reprimido viene a reaparecer. Porque (...) *el sujeto no querrá "saber nada de ello en el sentido de la represión"*. Pues para que hubiese efectivamente de conocer algo de ello en ese sentido, sería necesario que eso saliese de alguna manera a la luz de la simbolización primordial. Pero, una vez más, ¿qué sucede con ello? Lo que sucede con ello pueden ustedes verlo: *lo que no ha llegado a la luz de lo simbólico aparece en lo real.*[6]

*

La castración rechazada de lo simbólico reaparece en otro lado, en lo real

... todo lo rehusado en el orden simbólico, en el sentido de la *Verwerfung* [forclusión], reaparece en lo real. (...) Que [el Hombre de los lobos] haya rechazado todo acceso a la castración (...) al registro de la función simbólica, (...) tiene un vínculo muy estrecho con el hecho de haber tenido en la infancia una breve alucinación...[7]

*

La forclusión es forclusión del significante del Nombre-del-Padre

La *Verwerfung* será pues considerada por nosotros como *preclusión* [*forclusión*] del significante. En el punto donde (...) es llamado el Nombre-del-Padre, puede pues responder en el Otro un puro y simple agujero, el cual por la carencia del efecto metafórico provocará un agujero correspondiente en el lugar de la significación fálica.[8]

*

Es en un accidente de este registro [simbólico] y de lo que en él se cumple, a saber la preclusión [forclusión] del Nombre-del-Padre en el lugar del Otro, y en el fracaso de la metáfora paterna, donde designamos el defecto que da a la psicosis su condición esencial...[9]

*

No puede haber forclusión sin la incitación de un llamado que la preceda y la desencadene

Para que la psicosis se desencadene, es necesario que el Nombre-del-Padre, *verworfen*, precluido [forcluido], es decir sin haber llegado nunca al lugar del Otro, sea llamado allí en oposición simbólica al sujeto.[10]

Referencias de los fragmentos citados

[1] Freud, S. y Jung, C. G.: *Correspondance* (1905-1914), Gallimard, 1975, tomo I, pág. 86.
[2] *Historia de una neurosis infantil (caso del Hombre de los lobos)*, Madrid, Biblioteca Nueva, 1973, *Obras completas*, tomo II, pág. 1987.
[3] *Ibíd.*
[4] *El Seminario 3, Las psicosis*, Barcelona, Paidós, 1984, pág. 24.
[5] "Respuesta al comentario de Jean Hyppolite sobre la 'verneinung' de Freud", en *Escritos I*, Argentina, Siglo XXI, 1975, pág. 372.
[6] *Ibíd.*, págs. 372-373.
[7] *El Seminario 3, Las psicosis, op. cit.*, págs. 24-25.
[8] "De una cuestión preliminar a todo tratamiento posible de la psicosis", en *Escritos II*, Argentina, Siglo XXI, 1975, pág. 540.
[9] *Ibíd.*, pág. 556.
[10] *Ibíd.*, pág. 558.

Selección bibliográfica sobre la forclusión

FREUD, S.

1894 "Les psychonévroses de défense", en *Névrose, psychose et perversion*, P.U.F., 1973, págs. 1-14. [Hay versión en castellano: *Las neuropsicosis de defensa*, Madrid, Biblioteca Nueva, 1973, *Obras completas*, tomo I.]

1896 "Nouvelles remarques sur les psychonevroses de défense", en *Nevrose, psychose et perversion*, *op. cit.*, págs. 61-81. [Hay versión en castellano: *Las neuropsicosis de defensa*, Madrid, Biblioteca Nueva, 1973, *Obras completas*, tomo I.]

1911 "Remarques psychanalytiques sur l'autobiographie d'un cas de paranoïa. (Le président Schreber)", en *Cinq Psychanalyses*, P.U.F., 1954, págs. 312-315 [Hay versión en castellano: *Observaciones psicoanalíticas sobre un caso de paranoia autobiográficamente descrito* (caso "Schreber"), Madrid, Biblioteca Nueva, 1973, *Obras completas*, tomo II.]

1918 "Extrait de l'histoire d'une nevrose infantile. (L'Homme aux loups)", en *Cinq Psychanalyses*, *op. cit.*, págs. 384-385, 389-390. [Hay versión en castellano *Historia de una neurosis infantil (caso del "Hombre de los lobos")*, Madrid, Biblioteca Nueva, 1973, *Obras completas*, tomo II.]

1925 "La négation", en *Résultats, Idées, Problèmes, II*, P.U.F., 1985, págs. 135-139. [Hay versión en castellano: *La negación*, Madrid, Biblioteca Nueva, 1973, *Obras completas*, tomo III.]

LACAN, J.

Le Séminaire, libro III, *Les Psychoses*, Seuil, 1981, págs, 21-22, 57-58, 94-96, 99-100, 166, 170-171, 177, 228-229, 286, 361 [Hay versión en castellano: *Seminario 3. Las psicosis*, Barcelona, Paidós, 1983.]

Ecrits, Seuil, 1966, págs. 386-392, 558, 563-564, 575-583. [Hay versión en castellano: *Escritos I* y *Escritos II*, México, Siglo XXI, 1970 y 1978 respectivamente.]

... *ou pire* (seminario inédito), lección del 9 de febrero de 1972.

*
* *

Aparitio, S., "La forclusion, préhistoire d'un concept", en *Ornicar?* nº 28, 1984, págs. 83-105.

Aulagnier, P., *La violence de l'interprétation*, P.U.F., 1975, pág. 207. [Hay versión en castellano *La violencia de la interpretación.*]

Dreyfuss, J.-P., "Un cas de mélancolie", *Littoral*, nros. 11-12, 1984, págs. 178-179, 182-191.

Juranville, A., *Lacan et la philosophie*, P.U.F., 1984, págs. 268-276.

Laplanche, J. y Pontalis, J.-B., artículo "Forclusion", en

Vocabulaire de la psychanalyse, P.U.F., 1967, pág. 163-167. [Hay versión en castellano: "Forclusión", en *Diccionario de psicoanálisis*.]

Leclaire, S., "A propos de l'épisode psychotique de L'Homme aux loups", en *La Psychanalyse*, nº 4, 1958.

Nasio, J.-D., "La forclusion fondamental", en *L'inconscient à venir*, Bourgois, 1980, págs. 189-201.

—, "La forclusion locale: contribution à la théorie lacanienne de la forclusion", en *Les yeux de Laure. Le concept d'objet* a *dans la théorie de J. Lacan*, Aubier, 1987, págs. 107-148.

—, "Naissance d'une hallucination", en *Etudes Freudiennes*, nº 29, abril 1987.